艺术 体育
高校学术研究论著丛刊

中小学美术教育的理论研究与实践探索

格根萨仁 著

中国书籍出版社
China Book Press

图书在版编目(CIP)数据

中小学美术教育的理论研究与实践探索 / 格根萨仁著. --北京：中国书籍出版社，2021.4
ISBN 978-7-5068-8439-6

Ⅰ.①中… Ⅱ.①格… Ⅲ.①美术教育－教学研究－中小学 Ⅳ.①G633.955.2

中国版本图书馆 CIP 数据核字(2021)第 067285 号

中小学美术教育的理论研究与实践探索

格根萨仁　著

丛书策划	谭　鹏　武　斌
责任编辑	杨铠瑞
责任印制	孙马飞　马　芝
封面设计	东方美迪
出版发行	中国书籍出版社
地　　址	北京市丰台区三路居路 97 号(邮编：100073)
电　　话	(010)52257143(总编室)　　(010)52257140(发行部)
电子邮箱	eo@chinabp.com.cn
经　　销	全国新华书店
印　　厂	三河市德贤弘印务有限公司
开　　本	710 毫米×1000 毫米　1/16
字　　数	215 千字
印　　张	15.75
版　　次	2022 年 7 月第 1 版
印　　次	2022 年 7 月第 1 次印刷
书　　号	ISBN 978-7-5068-8439-6
定　　价	82.00 元

版权所有　翻印必究

目 录

第一章 美术教育 …… 1
 第一节 美术教育的含义与特征 …… 1
 第二节 美术教育的价值 …… 3
 第三节 中小学美术教育课程的理念、特点与原则 …… 9

第二章 国内外中小学美术教育的发展 …… 25
 第一节 英国美术教育 …… 25
 第二节 德国美术教育 …… 36
 第三节 中国美术教育 …… 52

第三章 中小学美术教学的要素 …… 67
 第一节 美术教学中的学生 …… 67
 第二节 美术教学中的教师 …… 86
 第三节 美术教材 …… 104

第四章 中小学美术教学的方法 …… 121
 第一节 教学方法的类型 …… 121
 第二节 美术课堂教学的思路 …… 132
 第三节 不同美术门类的教学 …… 143

第五章 中小学不同阶段学生的教学实践 …… 168
 第一节 小学美术课程的教学设计与案例 …… 168
 第二节 初中美术课程的教学设计与案例 …… 177
 第三节 高中美术课程的教学设计与案例 …… 184

第六章　中小学美术教育的课程评价 …………………… 199
第一节　中小学美术教育评价 …………………… 199
第二节　学生的评价 …………………… 209
第三节　说课与评课 …………………… 224

参考文献 …………………… 244

第一章 美术教育

美术教育是培养人的一种社会现象,也是一种文化现象。作为历史的存在,美术必须符合文化的真实存在,它随着文化的发展而发展,文化的变化必然导致美术的变化,文化的积累必然导致美术的积累。正因为如此,它同社会的发展、人的发展有着不可分割的密切联系。美术教育是以美术为媒介的教育,是审美教育的核心,是整个国民教育不可缺少的组成部分。

第一节 美术教育的含义与特征

一、美术教育的含义

美术教育是建立在美术学科基础上的教育门类,由美术和教育两个概念合成。在美术教育的关系中,美术是其立身之本,没有美术不可能有美术教育,即便是教育功能也是通过美术而生发的。教育不仅使得人类的美术文化得以薪火相传,同时也扩大了美术在社会中的影响和效力。因此,美术教育承担着两个重要的任务:其一,以富有成效的教育方式传承美术文化,使人类的美术文化不断延续和发展;其二,将美术作为教育内容促进人类的基本素质的提高,获得特殊的教育学效果。基于这两个任务,美术教育可以分为美术取向的美术教育和教育取向的美术教育,前者主要指专业的美术教育,后者主要为基础美术教育。关于后者还有其他类似的表述,如国民美术教育、中小学美术教育等。

基础美术教育是现代学校教育的基本门类,它随着普及教育的诞生而出现。此前的美术教育除了民间绘画、工艺教育之外,基本上是小众的,只针对上流社会的达官贵人名媛雅士,帮助他们获得所谓的修养和提高品位。17世纪,捷克教育家夸美纽斯最早提出了普及6年初等教育的思想,其时面向社会成员的普及教育开始蔓延。工业革命之后社会需要拥有知识的劳动者,更是推进了教育的普及,美术开始作为具有较强实用价值的学科跻身于公共学校的课程之中。由此,美术教育开始了普及的历程,拥有了大众化的特征。

中国是在新式学堂出现之后,才开设美术(图画、手工)课程的。1903年,清政府颁布的《奏定学堂章程》(癸卯学制)被认为是正式确定中小学美术教育地位的官方文件,一般将其视为基础美术教育开始的标志。

二、美术教育的特征

现代美术教育以传统美术资源为基础,以现代美术现象为主要资讯,以未来艺术的发展为展望。现代美术教学以传播美术文化知识、引导和传授美术技能、寓教于乐为核心,以游戏性、知识性、创造性等为特征来展开。现代美术教学强调学生学习的普及化、生活化、多元化,注重开发学生的情感、体验与想象力,注重培养学生的学习兴趣、审美情趣、文化理解力、实践动手能力以及合作精神。

现代美术教学中针对不同的学生群体,各级教育者都注重研究学生们的心理特征、接受能力、知识理解力等,并展开多样的教学实践探索。

在幼儿美术教学中,美术教师们在课堂上较为注重对孩子们的游戏性启蒙教育,尊重孩子们的稚拙表现,开发妙趣横生的课堂教学活动。

在小学美术教学中，根据学生天生的兴趣特征，展开形象生动、丰富的绘画游戏与表现课程，注重对学生早期创造意识的尊重与保护。针对初中生叛逆的心理特征以及广泛的涉猎兴趣和旺盛的精力，加之理性能力的提高，展开富有知识性、设计性的课堂教学与创造训练，并注重培养学生的个性化表现，启发他们内在的学习动机。

在高中美术教学中，不同教师会根据学生不同的兴趣，开展大量的欣赏课和专业培训，层次清晰，理论性和思辨性逐渐加强，提升学生的审美思维能力和艺术情趣。

随着大众传媒的日益多元化，媒体资源的普及化程度日渐提高，现代美术教学中教师们会更有效地利用各种媒体和更丰富的教育资源来开展教学实践。美术教学更强调直观感受的潜在意义，注重不同教学媒体在具体教学语境中的有效性，从而合理地选择有价值的媒体和资源辅助教学。

总之，现代美术教学以更加大众化的姿态、更加多元的实践形式展开，直面学生的个体素质。在美术教学中强调学科的视觉感知性；激发学生更为丰富的内心情感；通过教会学生不同层次的美术实践技能，培养学生的技能意识；尊重学生的个性特征；保护和开发学生的自主创造力。

第二节　美术教育的价值

美术教育在西方中小学中存在了数百年，在中国中小学也存在了一百多年，这一事实本身就说明美术教育在中小学具有不可替代的价值。美术教育的价值大体包括在道德感化、美感陶冶、生命体验、身心治疗、感官训练、信息交流、知识获取、记忆促进、智力发展、表现方法等方面提供正能量（流行的说法），于当代社会更是在培养人的创造力以及传承民族优秀文化和理解多元文化方面具有强大的作用。

在推进素质教育的过程中,美术教育在基础教育中的地位得到了空前的提高,其价值和作用得到了广泛的认同。因此,发展基础美术教育正逢其时。

美术教育的目的是要作用于人类本身与人类社会。美术以其内涵(不同种类)的多样性联系着人类社会生活的各方面,因而美术教育的社会功用具有多面性。它以特有的教育形式发生社会效用,是其他教育无法替代的一种方式。美术教育的功能是多方面的,这些功能的各种效果互相联系、互相作用,它依靠情感和美感的引导,在审美参与中得到具体的实现。

美术教育充满了文化特征,有助于人们感性认识向理性认识的升华,更具有情感与愉悦性,所以更具有精神教育作用。一味地传授知识或说教不是公共艺术的教育方式,公共艺术教育首先是寓教于美、寓教于乐的一种形式,所以审美是艺术教育的普遍共性,它给人以美的享受,使人得到审美的愉悦,提高审美认知,形成正确的审美观念和审美理想,净化陶冶其性情与人格,这成为美术的重要作用之一。美术教育的社会作用就在于开拓文明,陶冶性情,全面提高人们文化素质。因此美术教育可以促进社会精神文明建设,增强热爱国家的思想感情,使情感得到丰富,达到人格的提升和心灵的净化。

人类生活的世界是丰富多彩的,生活内容是无比丰富的,但对每个人来讲,不管他如何见多识广,也不可能观察体验到社会生活的一切方面。然而,借助于古今中外的许多优秀的美术作品,却可以使我们形象地接触到自身经历远远不能涉及的广阔领域。以中国美术作品为例,贯穿上下五千年的绘画、雕塑、工艺品,以及各种建筑艺术,都可以帮助我们开阔眼界,使我们从中了解到许许多多从书本上和个人经历所无法得到的生动而丰富的知识。外国美术作品更向人们展示了一个广阔世界。所以,美术教育包含着丰厚的文化内涵。

美术教育通过独特的方式培养人的形象观察能力、形象思维能力、审美表现能力、艺术创造能力,以及认识自我和与人交流的能力。美术教育重视教育对象的形象思维和科学思维的协调发展,促进其智力和创新能力得到不断提高。

美术教育重视培养教育对象的美术创造能力和经验,使其毕生受益,生活变得丰富多彩、富有情趣,工作和学习变得更有效率和更富创造性,学会借鉴、尊重他人的思维方式、工作方式和表达方式,掌握解决问题的艺术方式,能够更有效地表达思想和传递情感,增强自我表达的内涵。

21世纪,对创造型人才有着特殊的要求,素质教育模式受到重视,素质教育与应试教育形成鲜明的对立,应试教育为了追求升学率,视艺术教育为小三门而排除美术教育,相反素质教育特别看重艺术教育。当今学校的艺术教育已成为素质教育的一个有机组成部分,艺术教育与综合素质的培养有着密不可分的联系,只有加强艺术教育才能有效地促进由应试教育向素质教育转轨的进程。

艺术教育不仅能使人的心灵得到净化,引导人们追求高尚的道德情操,促进完善社会的伦理结构,同时,还是促进学生的各种智力开发的重要教育形式。艺术教育侧重于形象性、情感性体验,可以使学生从中获得美感。这种美感有利于活跃思维,为智力活动提供最佳的情绪背景。美术教育最有利于开发左右脑的功能,借由颜色、图像、符码的使用,不但可以协助形象记忆、增进表现的创造力,也让思维更轻松有趣,从而增强学生的形象思维能力。

同时,美术教育能够运用造型艺术的技巧,开启人类大脑的无限潜能,充分运用左右脑的机能协助人们在科学与艺术、逻辑与想象之间平衡发展,可以帮助人们提升思考技巧与创造力,并且激发人们的放射性思考能力和感知能力。美术教育还包含丰富的科学文化、知识经验的内容,能够更加生动地把科学、文化、知识、情感传达出来,赋予科学知识、生活经验更为生动具体的内化素质。

一、提高大众生活品位

马克思曾经指出,社会的进步是人对美的追求的结晶。西方人本主义心理学家马斯洛认为,人的需要本身是一个由低级到高级的递进结构、层次系统,包括饥饿和性欲—安全需要—爱和感情—归属的需要—自尊的需要—自我实现的需要—认识和理解的需要—审美的需要。人对"美"的需要属于最高的层次,是已经远远超出了物质层面的精神需要。

进入21世纪,随着知识经济的发展,美化生活与精神的审美因素正越来越受到广泛重视。高格调、高品位的文化生产和消费成为社会的主流。通过美术教育提高人们的生活品位,促使美与生活的结合,提高生活质量成为必要的文化活动。

科技与信息文化的基本特征是与知识经济、信息社会相适应的新文化形态,它是一种大众文化。受市场经济全球化浪潮的影响,精英文化受到批判,大众成为文化的主体。哲学、文学、艺术科学等领域则努力反思以前时代所确立的各种规范和标准,追求自身和生活的合二为一。文化的创造者和使用者转向人民大众,这在一定程度上是历史的一种进步。在此文化背景下,教育也由培养精英的教育向立足于全民化、个体人的自由发展的素质教育转轨。正是在这种文化背景下,社会对美术教育的需求才越来越生活化、普通化。

美术渗透在人们生活的各个方面,如建筑、服装、生活器具、交通工具等,都体现着公共美术的参与。人类社会离不开公共美术,因此人们需要认识公共美术、了解公共美术,并会鉴赏评论公共美术作品,使公共美术活动更好地作用于生活。人类社会文化水准越高,公共美术参与的比重就越大。因此,现代人对公共美术的兴趣更加浓厚,对美术教育活动也更加关注。所以,公共美术文化知识的普及与提高对于大众来讲,比以往任何时候都显得更为重要。

市场经济成为大众文化运作的动力和结果,同时也造成了它的某些缺陷,即不适当地提高了文化的技术含量,严重地消解了文化的精神性而代之以物质性,降低了文化的人文含量。例如,铺天盖地的商业广告借大众传播媒介侵占和腐蚀了大众的审美口味,人们在各式各样的现代传媒笼罩下精神被物质性无情地挤压着。大众文化往往通过刺激、纵容人们的官能快感、感性欲望、原始冲动的方法,强化产品的娱乐性、消遣性和刺激性,以提高收视率、发行量和畅销度而最终获得物质利益。大众文化的这种世俗化倾向有可能孵化出一种浅薄、粗俗、萎靡的文化风尚,对于推动社会进步的奋斗精神、进取精神和创造精神将产生严重的消解作用。在这种文化环境下,对青少年的影响尤为深刻,给学校教育造成许多问题,这就要求美术教育强化美育的内容及运行机制,以提高大众的文化品位,使高雅文化伴随人们生存并发生效应,抵制庸俗文化的侵蚀。

美术教育的审美娱乐指通过美术教育使人们得到精神的享受与满足,获得审美体验,赏心悦目、畅神益智,使身心得到愉悦和休息。美术教育"使劳动者通过艺术欣赏得到积极的休息,从而以新的精力,投入新的工作。对于生产力中最活跃的因素'人'来说,无论是体力劳动或脑力劳动,都需要在紧张的劳动之余,通过休息和娱乐来缓解疲劳,得到快乐振奋和慰藉,艺术欣赏确实是一种令人陶醉的积极的休息,具有畅神益智的功能。优秀的艺术作品给人以极大的满足和快乐,可以满足人的精神需要和审美需要,而这种精神需要有时甚至比人的物质需要更加强烈"[1]。

人们需要在艺术中促进自身的全面发展,在艺术天地里恢复心理平衡与精神和谐,通过对艺术与美的追求,提高人的价值,达到个性的发展,实现人格的完善。优秀的艺术作品给人以极大的满足和快乐,这种精神需要有时甚至比人的物质需要更加强烈。

---

[1] 张道森. 美术教育学[M]. 上海:上海三联书店,2014.

尤其是伴随着经济的不断发展和人民群众生活水平的不断提高,当衣、食、住、行的物质生活需要得到基本满足以后,人们对于精神生活的需要会越来越高,追求高品位的文化休闲享受尤其如此。

现如今,公共美术文化教育被看成是提高国民素质的重要内容。在实际生活中,人们逐步认识到公共美术文化是人类认识世界、改造世界以及实现自身美化、完善人格的重要途径。

二、顺应多元文化发展潮流

20世纪末,经济全球化带来了世界文化体系内各民族文化的活跃,引发了多元文化碰撞交融和相互影响的总体走势。伴随着科技革命及高新技术的推广应用,数字信息的出现与传播效果的不断改进,文化的多元化趋势得以强化。美术教育包容各国的历史文明,能引导人们参与文化的传承和交流,关注与了解各种文化现象,共享人类文化的资源,对文化的发展作出自己的贡献。

我国是一个多民族的国家,各民族都有优秀的文化传统。现代社会人与人的距离越来越近,民族融合与文化融合成为必然,人们的审美不能限定某种标准,美术教育要关注本民族的文化,但不能以汉民族美术文化为中心而忽视其他少数民族的美术文化。过去,传统观念导致我们没有全面发掘和利用我国多民族丰富的美术教育资源,这种状况在新时期不应该再继续存在。在我国的民间美术与少数民族美术文化中,渗透着中华民族的聪明与智慧,它们是进行民族文化教育的绝好资源,理应引起重视。

三、传播艺术知识

美术教育将艺术信息或作品涵载的知识传递给公众,既是积极能动的艺术文化消费活动,也是艺术知识传播活动。以往从艺术作品传递到接受者大多采用简单的、直接的传播方式,这是由于生产力水平及科技水平的局限导致的功能落后。而在近几十年中,科学技术的迅猛发展对于艺术活动产生了深远影响。数字技术、卫星技术、计算机技术等高新科技的发展及其在文化艺术领域的广泛应用,使艺术教育方式和功能获得重大进展。美术教育在当代艺术活动领域,已经显示出越来越重要的作用和地位,对于接受者的接受方式、欣赏情趣等,都具有极大的影响。

第三节 中小学美术教育课程的理念、特点与原则

一、课程与教学的关系

课程与教学二者从产生时就是不可分割的,它们的出现始于人类教育活动的产生。可以说有了课程就有了教学,也可以说没有教学就没有课程,教学与课程与其说是两件事,不如说是一件事情的两个方面,课程总是在特定的教学中实现的,教学总是在特定的课程基础上进行的,课程是指教什么的问题,教学则是指怎么教的问题,也就是将课程与教学分别归结为内容和形式。这两个问题又是相互依存的,离开了教的内容,怎么教就无从发生,而离开了教的形式,教什么就将完全落空,同时,教什么一定会影响到怎么教,怎么教也必然制约着教什么。

二、美术课程的功能及其拓展方式

美术课程的功能是在知识和技能的学习过程中发生的。对于中小学美术课程来说,当美术课程由专制走向民主,由封闭走向开放,走向一个更为有利于人的发展的新情景的时候,课程的功能和认识应该有这样的拓展:

(1)艺术课的教育功能是在知识和技能的学习过程中发生的,所以不能忽视和否定对艺术知识和技能的学习,同时也要注

意到：人文美术课程的大部分学习者不是为了做职业性的专家。因此，要在课程中降低其知识与技能的难度，让所有的学生都能够学习适合其个人未来发展的艺术。

（2）把以往偏重单一的艺术知识和技能的传授，转向既重视知识和技能的传授，又重视学生的学习过程和方法的体验和认识，重视对学生情感态度价值观的培养。

（3）把一个学习型的社会展现在人们的面前，必须强调学会学习和终身学习。在我们的美术课程中应更多地创设学习的情景，让他们能够有兴趣、有选择地去体验艺术学习独特的魅力，能够理解和掌握艺术基本的学习方法并运用到其他的学习和生活方面。

三、中小学美术教育课程理念

（一）中小学美术教育课程理念总概

1. 营造艺术能力形成的环境

为了使学生便捷而有效地获得艺术能力，美术课程可从下面四个角度为学生营造艺术能力形成的环境。

第一，建立多门艺术学科的沟通与交融，促进综合艺术能力的形成。不管是在一个人的童年时期，还是在整个人类的早期，说、唱、舞、画等艺术活动经常是自然地融为一体的。

我国传统的乐舞、戏曲、民族歌舞以及西方的歌剧、舞剧等，都属于多种艺术能力相互渗透的艺术活动方式。在现代艺术生活中，综合艺术形式仍然是人类主要的艺术表现方式。这种多类艺术形式的综合，也是艺术学习的最佳环境，它使艺术学习变得更轻松、更活泼多样，使艺术能力的获得变得更自然、更容易。艺术教学应遵循这一艺术能力形成的规律，为学生营造音乐、美术、戏剧、舞蹈、影视等学科相互支持和相互补充的艺术学习环境。

第二,联系个人成长环境,发展艺术能力。学生的成长环境包括学生日常生活、情感经验、文化背景、科学认识等方面。艺术学习只有与学生个人成长环境联系起来,从其兴趣、需要、情感表达、人际交流出发,才能使学习变得丰富多样、鲜活充实,并获得持久的动力。

第三,从艺术发展的历史中汲取营养。美术课程要从人类历史文化中汲取营养,引导学生接触各个时期的艺术,了解艺术如何模仿生活、如何表达情感、如何受到当时文化习俗和科学技术发展的影响,自觉地把艺术学习与人类生活、人类情感、人类文化和人类科学的发展联系起来,加深对艺术的理解。

第四,在完整的艺术活动中形成艺术能力。艺术能力需要在完整的艺术活动中形成。完整的艺术活动包括艺术感知、艺术创作、艺术反思。艺术教学要引导学生把自己的艺术感知、艺术创作和艺术反思联系起来,使艺术感知为艺术创作提供材料,使艺术创作丰富和强化艺术感知,使艺术反思对艺术感知、艺术创作作出梳理和评价,并为进一步感知和创作提供指导和方向。

2. 围绕人文强调学习的个性化

美术课程让学生在艺术学习中轻松、快乐地学习艺术基本知识和技能,了解艺术的历史和文化内涵,形成艺术经验和艺术能力,获得尊重、关怀、友善、合作、分享等人文素养,促进个性的完善与发展。

强调艺术学习的个性化,重视"面向全体学生,以学生发展为本"这一基本教育理念在美术课程中的体现。美术课程给予每一位学生平等的美术课程机会,使每个学生都有权利学习和享有人类优秀文化艺术遗产,使每个学生都具有为生活增添色彩的艺术能力。美术课程关注每个学生的个性特点、生活背景,充分调动他们的主体意识,为他们创设参与体验、主动探索、积极实践的条件,鼓励他们进行个性化的艺术活动,帮助他们认识自己的独特性和价值,形成个性化的审美趣味。

3. "寓教于乐"科学与人文整合的课程理念

艺术与游戏有着内在的联系,想象和自由创造是艺术和游戏的共同本性。美术课程主张开展具有游戏倾向的艺术活动,通过有组织或随机的游戏活动,增进教学的趣味性,提高学生艺术学习的兴趣,使学生在游戏中体验艺术。游戏性的艺术活动,不仅使人轻松愉快,更能使人淳朴、率真的本性得到自然的流露,同时还能潜移默化地养成开朗活泼的性格,以乐观向上的心态对待生活和学习,使生活变得更充实、更有活力。

新课程的构建要消解科技理性与人文关怀的对立,实现学会生存与学会关心的交融,寻求工具价值与精神生活的协调。

学校的美术课程不应当被压缩在学科与书本狭小的范围内,它要向自然回归、向生活回归、向社会回归、向人自身回归,实现理性与人性的完美结合,理智、经验与体验的美妙和谐,知识、价值与情感的高度统一。

4. 在广泛的文化情境中认识美术

美术是人类文化的一个重要组成部分,与社会生活的方方面面有着千丝万缕的联系,因此美术学习绝不仅仅是一种单纯的技能技巧训练,而应视为一种文化学习。应通过美术学习,使学生认识人的情感、态度、价值观的差异性和人类社会的丰富性,并在一种广泛的文化情境中,认识美术的特征、美术表现的多样性以及美术对社会生活的独特贡献,同时,培养学生对祖国优秀美术传统的热爱、对世界多元文化的宽容和尊重。

5. 培养学生的创新精神

现代社会需要充分发挥每个人的主体性和创造性,因此,美术课程应特别重视对学生个性与创新精神的培养,采取多种方法,使学生思维的流畅性、灵活性和独特性得到发展,最大限度地开发学生的创造潜能,并重视实践能力的培养,使学生具有将创新观念转化为具体成果的能力。通过综合学习和探究学习,引导学生在具体情境中探究与发现,找到不同知识之间的关联,发展综合实践能力,创造性地解决问题。

6. 为促进学生发展进行评价

在美术教育中,评价主要是为了促进学生的发展。因此,评价标准要体现多维性和多样性,适应不同个性和能力的学生的美术学习状况,帮助学生了解自己的学习能力和水平,鼓励每个学生根据自己的特点提高学习美术的兴趣和能力。

(二)义务教育阶段的美术教育理念

1.《全日制义务教育美术课程标准》

理念是理想和信念,是我们在做任何一件事情时的主观追求。教育思想的最高境界是教育理念。理念解决价值取向问题。教育理念也称为教育理想。

《全日制义务教育美术课程标准》提出的义务教育阶段美术课程的基本理念为:

(1)使学生形成基本的美术素养;

(2)激发学生学习美术的兴趣;

(3)在广泛的文化情境中认识美术;

(4)培养学生的创新精神和解决问题的能力;

(5)为促进学生发展而进行评价。

第一,实施义务教育阶段的美术教育,必须坚信每个学生都具有学习美术的能力,都能在他们不同的潜质上获得不同程度的发展。美术课程应适应素质教育的要求,面向全体学生,以学生发展为本,培养学生的人文精神和审美能力,为促进学生健全人格的形成、促进他们全面发展奠定良好的基础。因此,应选择基础的、有利于学生发展的美术知识和技能,结合过程和方法,组成课程的基本内容。同时,要注意课程内容的层次性,适应不同地区学生特质的差异,使《全日制义务教育美术课程标准》具有普遍的适应性。应注意使学生在美术学习的过程中,逐步体会美术学习的特征,培养基本的美术素养和学习能力,为终身学习奠定基础。

第二,课程内容与不同年龄阶段的学生的情感和认知特征相适应,以活泼多样的课程内容呈现形式和教学方式,激发学生的学习兴趣,并使这种兴趣转化成持久的情感态度。应将美术课程内容与学生的生活经验紧密联系在一起,强调知识和技能在帮助学生美化生活方面的作用,使学生在实际生活中领悟美术的独特价值。

2. 义务教育阶段美术课程的四个学习领域

《全日制义务教育美术课程标准》的阶段目标是从"造型·表现""设计·应用""欣赏·评述""综合·探索"四个学习领域加以描述的。

造型·表现:有意图地运用形、色、肌理、空间和明暗等美术语言,选择恰当的工具、材料,以绘画和雕塑等形式,探索不同的创作方法,发展具有个性的表现能力,传递自己的思想和情感。

设计·应用:了解主要的设计类别、功能,运用对比与和谐、对称与均衡、节奏与韵律、多样与统一等组合原理,利用媒材特性,进行创意和设计美化生活,形成初步的设计意识。

欣赏·评述:多角度欣赏和认识自然美和美术作品的材质、形式和内容特征,获得初步的审美经验和鉴赏能力,初步了解中外美术发展概况,尊重人类文化遗产,能对美术作品和美术现象进行简短评述。

综合·探索:调查、了解美术与传统文化及环境的关系,用美术的手段进行记录、规划与制作;通过跨学科学习,理解共同的主题和共通的原理。

以个人或集体合作的方式参与美术学习活动,进一步学习美术知识与技能,运用直觉想象、思维以及美术的方法进行艺术创造活动，探索表现技巧；学会分析、评价美术作品及美术现象，形成健康的审美情趣和审美观念；理解美术与其他学科之间的联系，并将美术语言运用于研究性学习之中；养成对美术终身爱好的情感，提高美术素养，热爱祖国优秀的文化，尊重世界多元文化。

要做到以上几点，需从以下几个方面入手：

(1)深入学习和理解造型语言，了解美术创作的过程与方法，选用相关材料、技法或现代媒体创造性地进行表现、设计或制作，表达自己的思想和情感以及美化生活。

(2)学会描述、分析、解释、评价美术作品和美术现象的方法，了解和探索美术某一门类的形成和发展的基本轨迹，获得相关的美术知识，理解美术作品的文化含义和风格特征；陶冶情操，热爱祖国优秀的传统文化，尊重并理解世界文化的多样性。

(3)学会通过多种渠道收集有关信息，认识美术活动与其他学科的关系，以及与自然、社会的联系；发展想象力，促进思维方式的灵活性和多样性，学会用美术的方式或结合其他方式解决学习和生活中的问题。

(4)学会运用美术展示的知识和方法，有创意地展现美术学习的成果，增强自我表达的意识。

(三)高中阶段美术课程的理念

1.《普通高中美术课程标准》

《普通高中美术课程标准》提出的高中阶段美术课程的基本理念为：
(1)体现时代性、基础性和选择性，满足学生发展的需求；
(2)理解祖国优秀艺术，尊重世界多元文化；
(3)注重学习方法和过程，提高学生的美术素养；
(4)强调创新精神，培养学生解决问题的能力；
(5)提倡质性评价，促进学生个性发展。
第一，体现时代性、基础性和选择性，满足学生发展的需求。

普通高中美术课程要适应时代发展的要求,增设反映美术学科发展成果的现代设计、现代媒体艺术等内容;注重对美术语言以及美术的发展规律等基础性内容的学习;充分利用和开发校内外美术课程资源,增加课程的多样化,实行学分制,鼓励学生自主选择,为个性发展拓宽空间,满足学生多样发展的需求。

第二,理解祖国优秀艺术,尊重世界多元文化。普通高中美术课程要让学生较广泛地接触中外优秀美术作品,拓宽美术视野,尊重世界多元文化,探索人文内涵,提高鉴别和判断能力,抵制不良文化的影响;尤其要引导学生深入地了解我国优秀的民族、民间艺术,增强对中国优秀文化的认同。

第三,注重学习方法和过程,提高学生的美术素养。普通高中美术课程的实施要注重培养学生的独立精神,倡导自主学习、研究性学习和合作学习,引导学生主动探究艺术的本质、特性和文化内涵。通过美术学习活动,让学生学会用艺术思维的方式认识世界,学习艺术表现和交流的方法,提高美术素养。

第四,强调创新精神,培养学生解决问题的能力。普通高中美术课程要面向学生的生活和发展,引导学生逐步形成敏锐的洞察力和乐于探究的精神,鼓励想象、创造和勇于实践,用美术及其与其他学科相联系的方法表达与交流自己的思想和情感,培养解决问题的能力,促进美术和其他学科的学习。

第五,提倡质性评价,促进学生个性发展。普通高中美术课程评价的主要目的是促进学生的发展,因此,评价标准要体现多主体开放性的特点。根据美术学习的特点,提倡使用表现性评价、成长记录评价等质性评价的方式。强调培养学生自我评价的能力,帮助学生学会判断自己美术学习的态度、方法与成果,确定自己的发展方向。

2. 高中阶段美术课程的五个学习系列

由于兴趣、爱好和发展需求的不同,高中学生需要发展不同的美术能力。为了满足学生多方面发展的需求,普通高中美术课

程设置了以下五个学习系列,供学生自主选择:

系列一:美术鉴赏

系列二:绘画、雕塑

系列三:设计、工艺

系列四:书法、篆刻

系列五:现代媒体艺术

同时,这五个学习系列又分为九大模块,即美术鉴赏、绘画、雕塑、设计、工艺、书法、篆刻、摄影/摄像、电脑绘画/电脑设计。

四、中小学美术教育课程的原则

我国基础学校提倡素质教育以来,艺术教育越来越受到重视,艺术教育为应试教育的改革作出了贡献,不少学校开拓进取,除了美术日常课程外,积极开展第二课堂,努力创造条件加大资金投入,办出了很多特色,取得了良好的教育效果。如建立艺术网站、建立艺术长廊、组织艺术社团美化校园与教室、举办各种美术展览等。

然而,由于基础教育不平衡,一些偏远地区的乡镇学校美术教育落后现象明显,又由于应试教育改革跟不上教育发展的要求,中小学校管理者、学生、家长迫于层层考试的压力,美术教育在不少学校中难以开展,严重影响了国民素质教育以及人才的培养。

我国中小学美术教育大多因循学校条件开设,国家没有具体要求与指导性意见。从整体上分析,仍然能够窥见它的总体特征,即多注重开放性、多元性、内在性、丰富性、过程性和关联性等。就处在应试教育影响下的我国基础教育来看,中小学的美术教育突出的革新性非常明显,因为没有标准,不受升学影响(也有繁杂的比赛、考级、参展拿奖等不良影响),所以自主性较大,学生自愿性、兴趣性较强。

一般学校美术教育能重视差异与多元化,注重培养人的探索创新精神。尤其各种兴趣小组在艺术活动中能理解创造过程的重要性，师生共同参与的探究活动中意义明显。但也有的教师为了让学生参加比赛获奖，出现指导过程不科学、代替学生思考、帮助学生制作作品等现象。

基础学校美术教育带给我们更多的是一种新的教育观念，一种新的美术教育实践的视野和理念，为我国中小学美术课程改革提供了新的视角和思路，也促使我们对中小学美术课程目标、内容、教学实施及评价等问题进行更多、更深层次的思考。

(一)面向全体,强调人文

中小学美术教育首先是面对全体学生，不管喜欢不喜欢美术，都应该接受美术文化教育，在美术教育创造的情境中健康成长。

基础学校美术教育不把重点放在课程目标及其实现上，而是转向关注在动态的过程中个体所获得的发展，关注课程对于整个人类社会及生存环境的影响，重视人与人之间内在的关系。基础美术教育主张倡导通过建立人与人、人与自然的和谐关系，同时注意现实、自然、人性本质的关系，提出为了人类的生存，全面发展人的身、心或知觉、情感理智等，把整体观、联系观融入教学中。

(二)开放多元,去中心化

开放性是美术教育的首要特征，美术教育强调兼容并蓄、广采博纳，强调运用生态学等范式给学生提供生成与创造的巨大空间。

与现代课程唯我独尊的唯一性的教育理念相反，美术教育所带来的是一种多元化的观念与方法。不同的美术教育理论结合其他哲学或其他学科理论，使美术教育无法遵循一种或几种固定的模式，而是呈现出十分多元化的特点，具体表现为内容的多元、教师角色的多元、知识的多元、价值的多元、教师评价的多元、教育目标的多元……简言之，多元化是美术教育的新型的教育模式,其核心是抛弃课堂的封闭,采取全方位的开放性思维。

基础美术教育要向教师的绝对权威开战是它最突出的口号。基础美术教育认为面对各种兴趣与人才潜能的发挥存在多方面的生成可能,教师不可能是全能,教师角色与教室授课不同,应该与学生共同探讨,引导学生探索。因此,美术教育认为,教育过程不再是对既定的本质和规律的认知和接受的过程,教师的地位也不再是不容置疑的真理的源泉。教育成了在民主的、宽容的气氛中鼓励学生创造、约定、建构自己的世界观、知识观、人生观的过程。反对任何形式的权威主义和霸权主义是后现代思想的主要内容。

美术教育提倡研究性学习,重视与生活联系。凸显边缘和差异同样是美术教育的重要特点。在传统学校中,一切活动都是围绕着一定的"中心"来进行的。美术教育给传统学校带来了一场革命,其核心就是促进了教学由"中心化"向"去中心化"的转变;由"单一性"转向了"复合性",由"直线前进"转向了"多元并进"。

(三)强调过程,倡导合作

基础美术教育以情境学习取代直线形式的学习,强调个体内在的心智的发展及其自由、自主、创造精神与能力的培养。美术教育重视学生自主学习的感受与体验,不太注重学习结果。事实上结果的考量要打破传统理解,学生学习过程认识、体验、理解到了东西,有了突破性的见解难道不是好的结果吗?

基础美术教育要冲破原有的学科框架,走向立体与多元,演化为文理交融的新的美术教育课程体系。

基础美术教育要以"对话"为其主旋律,引领人与人之间、人与物之间、物与物之间的全面对话。美术教育所强调的不确定性带来了人们对教育的新认识,随之而来的是各种界限的消失,即家庭与学校、社区,学校与学校,学科与学科,班级与班级,教师与学生,学习与生活之间界限的消失。

美术教育给不同层次的中小学生提供了共同分享艺术活动

的机会。它强调参与者交互作用、师生共同建构的结果,摒弃了传统的课程即教育者、教育行政部门事先单方面制定知识、材料的观念。参与者的交互作用指的是他们之间的激发、讨论和协调,即对话。这种对话是教师与学生之间、文本与读者之间、经验与意义之间的一种信息的传递,强调相互理解和沟通。在后现代主义看来,事物的多样性、生成性、开放性等只有在对话的情形中才能实现。

基础美术教育不是文本理论,而是行动与实践。真正赋予其意义的是教师和学生共同参与的活动,课程实施不是教师的策划控制和教师的权力语境,而是师生共同参与、民主交往的过程。这一过程中教师和学生的主体性、个体性都获得尊重与提升,积极性、能动性都得以拓展与发扬。这就将课程的概念从静态的、不变的"文本",扩展到动态的、创生的教学活动——师生对话,课程的内涵也由此而得到拓展。

(四)开发与利用资源

1. 校外资源的开发与利用

中小学以及幼儿园美术教育应该是学校、社会、家庭、虚拟空间(数字艺术)一体的教育,要充分利用校内外的资源,如博物馆、美术馆、宽带网、自然、生活等方面的资源,还有物质文化遗产、民间美术、画家工作室画廊等。

校外课程资源范围广,题材丰富,如省市图书馆、博物馆、艺术馆、文化宫、城市建筑、社区街道、公共设施、艺术家工作室等。美术鉴赏教育成为学生了解当地文化特色、社区生活、民间风俗传统文化的途径。这些资源通过合理的开发与利用,为公共美术鉴赏教学走出课堂教学提供了大量的可利用的空间、素材、信息和条件,形成了很好的视觉文化系统,也为提高全民素质提供很好的熏陶环境。各种影视广告作品、超市商品的包装设计、各出版物的装帧设计与插图、网络等都带有一定的共性,代表着特定时期的视觉文化的总体价值取向和发展方向,应得到公共美术鉴赏重视并合理利用。

2. 本土资源的开发与利用

地方艺术课程资源,即民间艺术资源,最具有地方文化特色。就本土文化资源而言,大约可分三类:(1)传统民俗类。这类题材以民俗艺术为主,如寺庙、建筑装饰及礼器、古迹,旧建筑物及传统农具、家具等;(2)风土民情类。包括特殊的自然景观、名胜公园、游乐场所,重要的建筑等;(3)当代艺术类。这类题材以当前社区的纯艺术及应用艺术为主,公共场所的雕像,壁画,具有特色的建筑、牌楼、纪念碑,百货公司的橱窗、灯箱、招牌、商品陈列等。[1]

我国是一个历史悠久、幅员辽阔的文明古国,每一个地区都有丰富的历史文化资源,公共美术鉴赏教育应充分利用当地所特有的文化资源。教师应有选择性地开发利用本地区最有特色和最具影响力的地方艺术资源,结合身边的乡土美术文化组织自己的鉴赏教学内容。一方面,可以丰富鉴赏课程的内容,结合学生的生活经验进行教学,很好地激发学生的学习兴趣,提高公共美术鉴赏教育的有效性。另一方面,对地方美术文化也起到保护和传承的作用。丰富公共美术鉴赏课内容的同时,形成学校美术教育的地方特色,拓宽了校内外课程资源。

---

[1] 梁立民. 美术教育与地方资源的开发利用[J]. 天中学刊,2004(8).

格根萨仁实践课程（2012 年）

第一章 美术教育

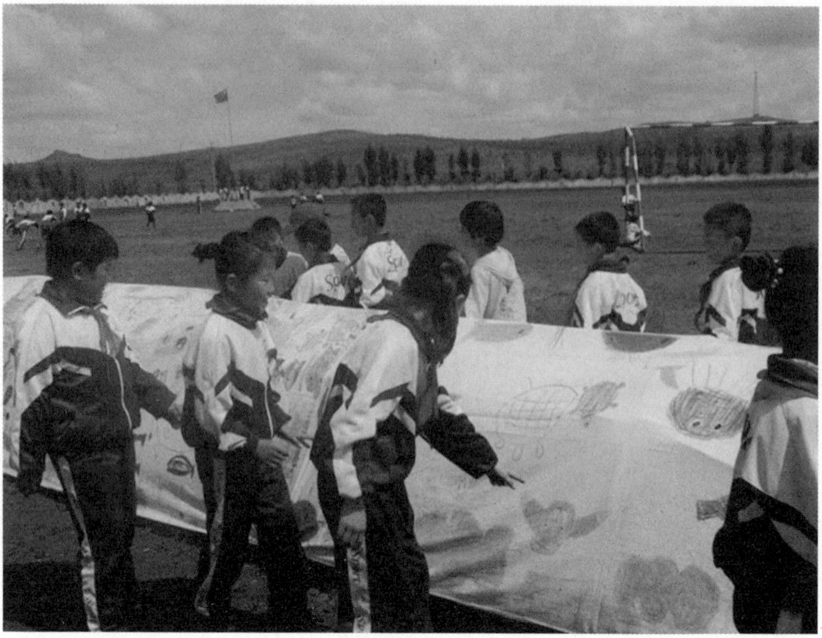

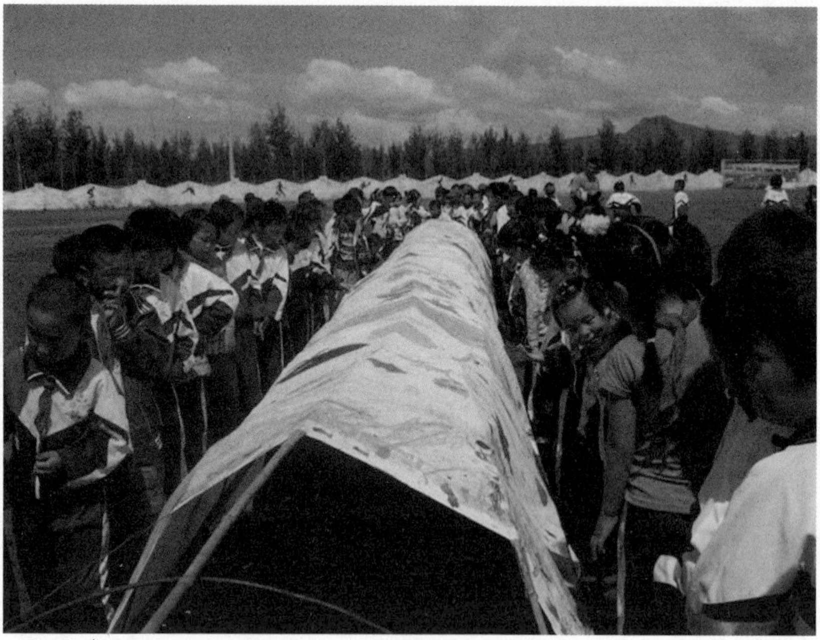

第二章 国内外中小学美术教育的发展

研究一个国家的美术教育的时候,必须首先了解这个国家美术教育的历史演变和发展,这其中包含了主要的教学思想理念的产生和发展,以及提出这些思想的主要的美术教育家。本书主要是从历史的角度回顾并勾勒出这样一个大的线索脉络。

第一节 英国美术教育

一、19世纪英国的美术教育

(一)19世纪英国美术教育改革

18世纪,随着西班牙和荷兰海上霸主地位的失去,英国逐渐成为欧洲强国,而德国和意大利因为卷入战争,导致他们深厚的文化传统不能得到恢复,此时英国正在国力强盛的局势下迎来了文化的繁荣景象,英国的美术教育改革运动是这一时期的突出文化现象,极大地促进了英国教育事业的发展。

1. 第一次世博会与美术教育

1851年,第一次世博会召开。这次活动充分展示了英国工业革命所带来的现代化文明成果,极大地促进了英国工业革命的进一步发展。世博会的胜利召开,使得英国的新兴工业技术普遍得到关注,其影响十分深远,特别是世博会很大程度上影响了近现代美术教育。

2."水晶宫"对美术教育的影响

18世纪,英国已经完成了工业革命,一跃成为世界强国,为了向世界展示其工业成果,维多利亚女王决定创办"世博会"。她发动了全国性的筹备工作,以取得"世博会"的成功,在短短的几个月里,吸引了630万人参加世博会。这次世博会展示了英国近半个世纪的科学技术成就,其展品有1万多件,都代表着该时期最先进的技术,从工业产品到日用产品,大到蒸汽机、纺织机,小到钥匙,可谓是人类科学技术成熟的一种展示。而为展示这些产品而设计的建筑"水晶宫"更让人们惊叹不已,它本身已超出了建筑的实际意义,成为工业革命时期最杰出的艺术品。

"水晶宫"的设计师是约瑟夫·帕克斯顿。他采用独特的建筑构架方式,由于时间的限制,离展览会仅九个月,如果按正常设计和建造,根本不可能竣工,所以他巧妙地采用装配花房的办法来完成这个玻璃铁架结构的建筑。他所使用的材料都是工业产品,如玻璃、铁架等,这样做便于拆装,改变了传统的建筑观念。

在材料的选择上,用现成的工业产品代替木砖等材料,采用支架结构,现场操作性加强。在施工方面完全打破了传统的做法,采用现代的铆、套、螺钉等方法完全把建筑作为一个机器组装,并且在外观上不做任何多余的装饰。实际上它是一座巨大的温室,这为世界建筑史添上了精妙的一笔,至今没有人不赞叹这是奇迹!

从设计角度分析,"水晶宫"是新材料、新技术与新形式在建筑上的新尝试。为了完成功能与形式相协调的目标,"水晶宫"忽略了一些装饰纹样和图案的运用,其结构呈现机械化的特征,以求它与展览作品的形式相适合,取得一种造型简洁的艺术效果,做到别具一格。

"水晶宫"的影响是深远的,它的积极作用表现在各国开始重视大机械化生产。它的消极作用是机械化生产带来的粗陋和简单,远远不及手工制作所带给人们喜悦的美感。

3. 世博会对学校美术教育的影响

随着世博会的召开,英国政府和教育理论家开始认识到科学与艺术同等重要,如果偏重一方都会使教育产生不良的后果。1853年,英国政府成立了"科学与艺术部",逐渐在初等学校内建立了一套图画教学体系,让学生在进入职业学校之前,能够掌握绘画的基础知识。这对于初等美术教育的普及与提高有着重要的作用。英国在全国范围内开设了图画课,并设立了以南肯辛顿学院为代表的新型学校,这种制度一直延续到19世纪末,在美术教师培养、美术学校管理和美术普及方面有较强的优势。在专业教育方面,英国政府制定了一种双轨制的专业艺术教育体系,纯艺术家由美术学院培养,工艺美术设计师由设计学校培养。这一时期,艺术家和工艺设计师分开培养,是专业美术的特点。二者开设的课程完全不同,前者偏重于素描教学,后者则偏重于装饰形式的学习。

(二)19世纪英国的美术教育运动

1. 美术学院的发展

19世纪末期,英国的工业生产总值位居欧洲前列,政治经济文化领域出现了空前繁荣景象,各种思想得到很快发展,美术教育在这种文化氛围中发展起来。从美术学院的规模上看,比以前有了明显进步,出现了有名的南肯辛顿学院、斯莱德美术学院、普罗文斯美术学院、苏格兰美术学院和伦敦议院所辖的正规美术学院,另外还有英国艺术俱乐部。

2. 国民艺术教育运动

19世纪末期的英国掀起了一场促进绘画艺术和工艺美术发

展的运动热潮。这主要由于欧洲有着悠久文化传统,美术史上的许多流派有着完整的绘画体系,无时不对当时的艺术产生影响。其中,洛可可艺术运动对英国的艺术教育的影响最为深刻。主要原因在于,英国当时正处在大机器生产时代,对国民而言,艺术修养自然有所缺失,为扭转现状,强化国民的工艺美术教育是非常必要的,这样做不仅可以免除工业革命带来的不良后果,还可以更好地改善国民的生活质量,使艺术教育成为人人享有的社会权益。

3. 拉斐尔前派

英国国民艺术教育的结果使许多英国人开始关注过去的艺术品,对过去装饰的模仿成了一种流行艺术。为改变这种现状,拉斐尔前派的画家们大胆提出了不为艺术法则束缚的思想,主张要用"纯正的眼睛"去描绘自然物象,这种创作思想与当时学院墨守成规的复古思想截然相反。拉斐尔前派的艺术革新对学院美术教育有着积极的推动作用。

4. 莫里斯与"手工艺行会与学校"

威廉·莫里斯,英国著名社会活动家、艺术家、诗人。莫里斯主张把美的观点渗透到日常生活中,要求美术教育与生产重新结合起来。但是在实践上,误以为作坊制的一些原则可以解决当时的美术教育问题,因为没有看到当时大机器工业化的社会前提条件,所以这种尝试只能以失败而告终。真正把莫里斯思想付诸实现的是英国著名建筑家、设计家查尔斯·阿什比,他认识到要改善工艺美术状况,必须把现代文明和机械化工业的发展联系起来,才能实现英国工艺美术教育的兴起。1888年,阿什比创建了"手工艺行会与学校"。

5. 英国美术教育运动的影响

19世纪,英国政治、经济、文化、科技等方面取得了很大成就。

回顾英国的美术教育,工业革命之前,艺术与生活严重脱离关系,古典艺术由于受到上层社会的保护从而发展受限,表现出人们视觉衰退现象;工业革命后,大机器生产时代给人们带来的是工业化的文明,艺术教育的改革与发展无疑给国民以精神上的慰藉。英国美术教育运动的失败与成功给世界近现代美术教育的发展带来更多的启示。

(三)19世纪英国的美术教育思想

近代美术教育运动的兴起,促进了19世纪伟大的艺术教育家的崛起。美术教育运动在英国出现之早、发展之快,不仅因为英国是当时的工业强国,还与伟大的艺术教育家拉斯金和威廉·莫里斯的不懈努力息息相关。

1. 拉斯金的艺术教育思想

19世纪英国的美术教育运动,许多画家和艺术教育家在思想和艺术实践上做了不懈的努力,其中,伟大的思想家约翰·拉斯金取得了巨大的成就。

约翰·拉斯金,是英国著名的艺术家、批评家、历史学家、社会改革家与教育家,19世纪人文史上杰出的人物。作为近代艺术教育运动的先驱者,他是19世纪率先倡导艺术教育新思潮的思想家之一,并大胆地论述了艺术教育与工业生产和劳动者素质以及消费者关系等问题,他在近现代美术教育史的影响不仅波及英国,而且遍及欧洲。

拉斯金主张美就是"道德与宗教",认为人格中的信仰、艺术、道德和对自然的向往等一切,都应浑然融合起来。拉斯金认为"艺术的本质是美,而美的本质则在于它对感官的吸引力","美产生于一种崇高的精神,看见并且领悟到它的存在的人同样是伟大的"。艺术家的直觉能力使得他们能够识别自然中的美和真,并使它们成为艺术的基础,不过,能够领悟艺术家作品中的精神内涵的批评家,同样也是在从事某种类似的富有想象力的创造性活动。

拉斯金被称作是艺术的信徒,是由于他认为应有机地结合人格的信仰、艺术、道德、宗教和对于自然的向往等。真正的艺术作品能引起美感,但是艺术的目的是表现宇宙的创造精神。因此,一切伟大的艺术同时就是宗教,真正的艺术家必须是虔诚的,所有艺术都是以有机形式的法则——源于上帝创造的自然——为基础的。艺术被宣布为是精神力量和伦理道德的一个源泉,并因此在人类的进步中具有举足轻重的作用,正是基于这样的依据。

拉斯金还提出"艺术社会主义"概念,认为艺术是现代社会的拯救者,尤其手工艺劳动是最好的手段,工艺劳动可以促进人的健康发展。他认为:"没有劳动的生活是罪恶的,非艺术的劳动是动物化的。艺术不但使人生活充满光明,使人们在心灵上得到欢喜和幸福,又能求得人类的共通,撤去人类间的隔膜,而使人类一致与协调。"他在《英国的艺术》中指出:"艺术和道德教育是一致的,一个有修养的人才能真正称得上一个有道德的人。一个民族艺术的发展,也就是道德水平的反映。以娱乐为唯一目的的艺术会导致堕落。"拉斯金的艺术批评同时就是社会批评。

在儿童艺术教育问题上,拉斯金同样有他独到的见解。他首先肯定儿童的各种天生潜能,艺术教育的目标和任务是将儿童的潜能充分发挥出来。在儿童教育内容方面,他主张儿童应接受音乐、绘画、舞蹈等专业的艺术教育。他认为,艺术的"创造力"和"感知力"是学习的两个重要方面,"创造力"是不可以通过学习获得的,而"感知力"可以通过艺术教育获得。他还强调绘画具有实用价值,它是普通学校不可缺少的部分。

拉斯金艺术教育思想在实践上取得的成就,主要是在他担任牛津大学艺术教学活动中获得的。他特别注重艺术教育对提高艺术修养和审美力的作用。在艺术实践上,他主张通过感知力的培养来提高审美能力。在艺术教育工作中,他主要做了三个方面的努力:一是在艺术教育中开设艺术讲座;二是创立艺术作品收藏馆;三是增设绘画教职。而在艺术讲座中,拉斯金主要讲述艺术批评和作品鉴赏,其主要目的是提高中产阶级的审美趣味。在谈及艺术教育和审美教育的内容时,他提出,首先要养成学生身体的美,并辅之以音乐、绘画、舞蹈等专业性的艺术教育。拉斯金的艺术教育思想并不是单纯为了社会培养专业化的艺术人才或艺术家,而是在于主张艺术作为一种全民的素质修养应该为全社会的人们所拥有。

艺术教育的重点应是普及,即为工业化时代的产品培养高素质审美情趣的消费者。他认为:创造艺术和对艺术的反应涉及两个方面,即"创造力"和"感知力"。艺术教育的功用在于帮助个体感知物质世界中上帝造物的美。有些人天生就具有一种感知这些美的事物的才能,而大多数缺乏这一才能的人,便可以通过素描这类高难度的艺术活动来促进他们的感知力的发展。在绘画提高个人感知力的同时,他的趣味也随之提高了。拉斯金认为,一个人周围环境的艺术性对其审美能力的培养和提高是极其重要的。对他来说,审美能力则意味着,"毫不犹豫地选择高尚而厌恶卑鄙的事物,而这正是一个民族或个人所必须具备的一种优良品德。"审美能力的培养和提高,是把孩子教育成一个文化人的关键所在。

拉斯金还指出绘画具有实用价值,所以应该被作为普通教育的重要组成部分。他认为人们可以通过艺术教学教授所有学科。绘画的实际用途并不局限于初等学校教育。他在牛津大学就职演讲中提出了一项艺术教育计划,其中历史和自然这两门学科的学习被并入艺术学科。

拉斯金认为,艺术是对自然的模仿,但是他加上了一个必不可少的条件,即这样的模仿应该是在极大的快乐中进行的。在这里教育的目标主要不是能力而是修养;一个年轻人被送进我们大学,目的不是为了接受某种职业的专门训练,而永远是为了被造就成一个绅士和学者。

总之,他在牛津大学的艺术教育工作中所做的教育探索,无论是在艺术观和教育思想上,还是在艺术教育实践上,都成为莫里斯等人所倡导的"工艺美术运动"的理论基础。由于拉斯金的艺术思想是针对当时工业化生产所带来的弊端而提出的,在一定程度上具有一定的局限性。但是他强调艺术道德的社会意义,影响深远,拉斯金为实现他的艺术思想和教育理想而做出不懈努力的精神激励着为艺术教育而革新的教育家们,将美术教育向全新的方面发展,即专业艺术院校已不再墨守陈旧的法则,艺术学科逐渐成为人文学科的重要组成部分。

2. 威廉·莫里斯的艺术思想及其影响

威廉·莫里斯,美国诗人兼文学家、社会学家,英国工业美术运动的领导者,被誉为西方设计的"现代设计之父"。他领导了英国近代工业美术运动。他出生在伦敦附近的华尔特哈姆斯托镇,他的父亲是证券经纪商。莫里斯很小就喜欢英国的传统艺术,特别崇尚古老的哥特式艺术和设计。美丽的大自然是他艺术创作的源泉。他在牛津大学建筑系读书期间,深受拉斯金教育思想和艺术观的影响。尤其是拉斯金的著作《威尼斯的石头》中的艺术理论对他触动很大,他特别感兴趣的是书中针对欧洲中世纪设计思想所提出的哥特式风格和自然主义风格在设计中的描述。因此在威廉·莫里斯大学毕业后,他进入了专门从事哥特式建筑设计的斯特里特设计事务所,开始从事建筑设计。为了反对当时英国画坛故步自封、学院教育陈旧保守的现状,主张忠实于自然,崇尚自然的艺术风格,他后来参加了艺术团体"拉斐尔前派兄弟会"。兄弟会主张复兴中世纪艺术风格,弘扬自然主义,由此他追求的建筑艺术由复兴的艺术风格向自然主义风格变化。参加"拉斐尔前派兄弟会"是莫里斯由建筑转向实用美术的开始。

1851年,莫里斯在牛津大学建筑系读一年级时,正值著名的水晶宫博览会开始,他和他的母亲一起参观了展览会,当看到各个国家展出的琳琅满目、数量众多却又外观粗劣的产品后竟然伤心得泪流满面。这件事对他的影响非常大,激发了他立志献身实用美术教育事业。后来他成了一位全面的实用美术设计师。他认识到当时的工业生产不注重产品的艺术性,缺乏美感,设计不和谐的机械化产品与传统的手工艺产品相比显得粗陋和简单。莫里斯后来发起的"工艺美术运动"也是由此而引起的。

1861年,莫里斯开始了他对美术设计的探索工作,他主张设计中应该崇尚浪漫主义和自然主义的思想。这一年莫里斯与他的朋友马歇尔和福克纳,成立了以他们的名字命名的莫里斯·马歇尔·福克纳事务所(简称 MMF),后改为"莫里斯设计事务所"。他们的设计宗旨是把建筑、室内装修、家具、灯具作为整体进行一体化设计。为了与他老师拉斯金所倡导的"向自然学习"的思想保持一致,莫里斯在设计上注重浪漫主义和自然主义色彩倾向。

在1862年的伦敦国际博览会上,莫里斯设计事务所创作的设计独特、造型精巧的各种产品引起了人们极大的兴趣和社会的普遍关注。随着运动规模的扩大,他的艺术思想、基本理念也很快被当时的艺术院校所接受、采纳和广泛传播。

威廉·莫里斯是英国新艺术运动的重要人物。这场美学运动起源于英国。在早期,它的目的是企图对抗一种工业时代的卑劣和贫乏。到19世纪70年代中期,"为艺术而艺术"已经成了一句时髦的口号。莫里斯认为"美"并不仅仅在于大理石和画框之中,并不仅仅是茶余饭后在展览馆里进行的一种消闲娱乐,而是人类一种本质上的生存方式。通过生产高质量的纺织品、书籍和其他手工艺用品等方面的尝试和努力,莫里斯最后取得了成功。但是由于他的物品价格极其昂贵,因此只有少数人才能消费得起。莫里斯内心充满了对真实生活质朴的追求,对美好事物虔诚的信念,愿意去重新改造世界,从而给人们制造出来的一切都是美丽的,为当时英国乃至欧洲新艺术的发展以及现代美术观念的形成作出了不可磨灭的贡献。

二、20世纪英国的美术教育

(一)20世纪英国的美术教育改革

自第二次世界大战结束之后,英国一直对其教育制度进行改革和革新。令人瞩目的是 1988 年,英国国会正式投票表决通过了一份重要的教育法令文件,即《1988 年教育改革法案》,它是英国教育史上最重要的教育法案。法案以法令条文的形式规定,从 1989 年起全国所有公立中小学实行统一课程。这在英国教育史上是一项重大的改革,因为在此之前英国的中小学课程是由地方教育当局和学校自行确定的。法案规定,英国的公立中小学校要开设两类课程:核心课程(core subjects)和基础课程(foundation subjects)。核心课程包括英语、数学、自然科学 3 门课;基础课程包括现代外语、技术、历史、地理、美术、音乐、体育 7 门课,共 10 门课。法案指出开设这些课程的目的:(1)促进学生在精神、文化、智力和身体方面的发展;(2)为学生今后的成人生活预备机会、责任感和经验。

1992 年,英国教育部制定了有史以来第一个《国家美术课程》标准。至此,英国美术教育从多样化、自由化向集中化、统一化发展。新标准要求通过美术课程的学习,促进学生精神、道德、文化、技能等各方面的发展,创造有效的学习环境,满足学生多样的学习需求。英国在培养小学师资的教育学院和综合大学教育系中,把音乐美术列入必修科目。

(二)20 世纪英国的美术教育思想

1. 赫伯特·里德的美术教育理论

由于第一次世界大战的爆发,英国经济、政治状况出现了疲软和恐慌,教育也终止了发展。战后,教育改革尤其是艺术教育的各项新制度、各种新思想相继出台。英国著名艺术教育家赫伯特·里德在这方面的贡献很大。

里德是英国的艺术教育家、艺术理论家和评论家,1945 年,他在《通过艺术进行的教育》一书中提出,儿童美术教育的主要特征就是要充分培养儿童的感性经验,儿童画就应该让儿童画出他们经常看到的、听到的东西。里德非常重视美术教育中对儿童综合和分析能力的培养,他认为理性概括能力才能认识事物。比如他曾赞赏一幅儿童画的老虎像,里德认为这幅画是综合和分析能力结合的产物,具有一种"内向的和无机的特征"。里德在目睹了德国法西斯对欧洲各国进行狂轰滥炸战争的残酷后认识到:人们的内心随着冷漠而残酷的工业发展陷入了极度的浮躁和恐慌之中。究其原因是人们对艺术教育的普遍性缺失。他坚信艺术中的创造性表现与一个健康的社会未来之间有着密切的关系。

里德认为:包括现代教育在内的现代文明已经扭曲,如果人类要恢复这种业已丧失的文明,首先要恢复"整个有机体内在情感的行为方式"。里德认为,致力于这一目标的艺术教育是促进社会和谐与世界和平的重要力量。他写道:"威胁着人类的巨大灾难不是物理或生物方面的可怕事件,而是人的心理活动。我们正经受着来自心理瘟疫和革命战争的威胁……人类的共同灾难起源于个性中自发性创造能力的压抑……丧失生命活力的生活所导致的最终结果便是破坏性!"

里德的艺术教育改革艺术思想及理论为现代艺术教育的发展起到了巨大的推动作用。他用"格式塔"知觉心理学的点提出艺术教育理论,对现代儿童美术教育具有特殊的意义。

2. 艾尔弗雷德·诺思·怀特海的美术教育思想

艾尔弗雷德·诺思·怀特海,英国著名的科学家、教育家、数学家和哲学家。他 1861 年 2 月 15 日出生于英国东南部的拉姆斯盖特。他的祖父是当地一位有名望的教育家,曾任当地一所私立学校的校长。他的父亲先后从事教育和宗教工作,十分关心教育事业。受家庭的影响,怀特海对教育也很感兴趣。他具有独到的艺术教育思想。怀特海强调,学校教育应该把儿童心理的发展放在首位,着重考虑儿童的理性思维能力、想象力和审美力的培养。怀特海从美学和艺术的角度看待教育,认为在人类社会的发展中,艺术和美学的作用非常重要,应该加强艺术和审美教育,进行美学教育的方式很多,可以通过每一门学科、每一种教育形式对学生进行美的教育。

怀特海非常重视艺术教育,把艺术教育和美育提到国家兴亡的高度来论述。怀特海认为,学校中的普通艺术教育也是十分重要的,艺术教育的作用就是"唤起智慧和美感到生活之中"。他认为,学校在培养学生对艺术的热爱方面是负有责任的,学校应该鼓励每个学生都应学习绘画,或者看戏剧、听音乐会。他要求教师不要扼杀学生个性,应该热情扶植和鼓励学生的艺术才能。

第二节　德国美术教育

一、19世纪德国的美术教育

(一)19世纪德国的美术教育状况

19世纪德国的社会政治经济处于相对稳定繁荣的时期,美术教育出现了新的现象。专业美术教育发展尤为突出,种类较多。学校规模较大,对欧洲和其他国家的美术教育产生了积极的影响。从全国专业美术教育的现状看,各大城市均设立了美术学院,如杜塞尔多夫美术学院、慕尼黑美术学院、柏林美术学院和德景斯美术学院,这些学院当时在德国非常有名,吸引了来自欧美的许多学生。学院的专业设置也有了新的发展,大致分为:绘画、建筑、版画和雕塑四类。此时的学院美术教育以慕尼黑美术学院最有名,一度成为欧洲和西方美术教育的中心之一。

德国美术学院的发展与艺术协会是分不开的。因为德国学院教育教学成果主要通过展览会和工艺博物馆来对社会广泛宣传,以扩大它的影响。所以这一时期展览会频繁举行,各地都建立了艺术博物馆,"工业学校"遍及全国各地。德国的国情决定了它的美术教育不同于英国,在各种工艺学校中,采用的是科学原理来支配学校的教育工作。因为没有看到机械化生产和艺术模仿的弊端,再加上教学方法的不当,导致了德国工艺美术教育的失败。其主要原因也正如德国工业设计家罗伊洛博士的批评:"德意志工艺的衰退,无可讳言了。德意志工业以粗放及廉价为根本原理。其美术工艺品缺乏趣味,同时技术也全无进步。"19世纪末,德国的工艺美术教育开始向普通的美术教育方向转变。

(二)19世纪德国的艺术教育思想

19世纪德国艺术教育的发展受英国艺术教育思想的影响,就德国范围内而言,文化艺术界有影响的艺术教育思想家主要有朗格和利希德沃克。二者对德国的专业美术学校和普通美术学校的发展作出了巨大的贡献。

1. 朗格的艺术教育思想

朗格,德国著名美学家,德国艺术教育的主倡者之一,曾在侃尼希斯堡大学和邱平根大学任美学教授。

朗格的艺术教育思想在于主张艺术的经济价值。他在1893年出版的《德意志少年的艺术教育》一书中给近代美术教育运动以很大的促进。朗格主张艺术的经济价值的教育思想,与拉斯金所倡导的艺术社会价值有密切关系。在英国,从18世纪中叶以来,经济的考虑已成为美术教育实施的重要动机。拉斯金、莫里斯、克兰亨等都把艺术与经济联系起来。然而,对此特别有研究的是朗格。虽然朗格的艺术教育主张未能完全得到后世的认可,但是逐年发展着的美术教育思想和运动确实受到他极大的影响。

朗格认为,艺术教育思想是近代世界文化的中心问题之一。他非常重视上流社会的艺术教育,所以朗格的思想带有明显的贵族色彩。朗格从一般文化的经济价值出发来研究艺术教育。他认为只有消除生存竞争的紧张状态,艺术的时代才能到来,而在一切人类活动中,唯有艺术才能用最少的材料创造最大的价值。

高尚的艺术，最有益于经济，为任何实业所不能及。人类生产的任何领域，都不及艺术领域里的精神产品所创造的价值。所以，各种能力发达的国民，其在经济的关系上必占有比其他国民优胜的地位。

朗格对上流的社会的艺术教育予以极大的重视。他在《艺术教育的本质》中认为，在一切人类的活动中，唯有艺术才能用最少的材料创造最大的价值。"如以为我们所努力的只在于（或主要在于）使贫民高升到富者所已达到的阶级，那就大错了。我们的所谓上流阶级，实在与下层阶级同样地缺乏着艺术的教育。这就是我们所明知的情形。""上流社会美的陶冶的缺乏，比下层社会美的陶冶的缺乏更为危险。这是因为上流阶级强有力地支配着艺术和经济的命运。""高尚的艺术，最有益于经济，为任何实业所不能及。可悲的是多数德意志人只知艺术为愉快的、美的，而不知其实用价值。我们不能抱这一偏见，应该从经济的角度处理这个问题。"

朗格关注上流社会的艺术教育，他的改革意见，主要是从图画教授和大学美术史与美学的教授出发的。艺术教育要兴办艺术学校、设立博物馆、举办展览会，但仅靠这些远远不够。他在分析德意志人仍然没有感受艺术和对艺术的热烈要求的原因时说："值得我们深思的问题是，我们不要在乎怎样可以培养成许多的艺术家——艺术家已经很多，好的、坏的都不少——而在乎怎样教育对待艺术的公众，即怎样教育公众，使国民能理解伟大的艺术品并保护之。"朗格呼吁促进德国国民的艺术教育，使其达到与英、法同等程度。朗格以素称"艺术之国"的法国来说明艺术发达的结果，使法兰西人成了欧洲第一流的艺术国民，同时也使他们受到更大的物质利益。

朗格的经济价值观，主要体现在他提出的"艺术爱好家"的教育观点。他认为真正的艺术爱好家是艺术家与一般公众之间的介绍者，是创造艺术活动和接触艺术活动的承担者。他可以通过对艺术的介绍，让国民从中得到感受力的提升。要实现艺术的经济价值，必须对艺术爱好者进行艺术爱好家的教育。在这一观点上，朗格与美术教育运动的诸位名家见解一致。

朗格针对当时德国的学习教育现状提出了自己的看法。他认为，发展艺术教育，不能仅停留于兴办艺术学校、设立博物馆、举办展览会等，更为重要的是要普及艺术教育。因为德国人普遍缺乏对艺术的深刻认识，专业美术学院培养的仅仅是一些艺术家，而社会需要的是国民对伟大艺术品的保护，所以，他提出了一些改革美术教育的意见。

朗格对普通美术学校也提出了改革的意见，反对当时把普通学校图画课当作单纯技术课的做法。他认为："学校图画教学的意义不只是一种技巧的训练，而是一种审美能力的陶冶。"图画课的意义不在于它本身的技术层面，重要是它对于审美能力培养的一种教育，关于学校美术教育的思想我们可以从他的《德意志少年艺术教育》一书中得到全面的理解。

总之，朗格的艺术教育对德意志美术教育的发展起到了积极的推动作用。

2. 利希德沃克的美术教育思想

利希德沃克，是19世纪末德国著名美术教育家、美术史论家和艺术批评家。利希德沃克最初是一名小学教师，1886年，他被任命为德国昂布尔厄美术馆馆长。他始终不懈地为美术教育作努力，直到1914年逝世为止。他是德国艺术教育运动的先驱者，自1886年以后他的艺术教育思想更加鲜明。利希德沃克倾注他的人格力量于事业中，力求昂布尔厄的公共生活彻底精神化、艺术化。昂布尔厄美术教育上的伟大发展得力于利希德沃克的努力。1887年，他出版的《学校中的艺术》一书集中体现了其美术教育的思想。

利希德沃克注重对一般市民教化的问题和特殊学校教育性质问题的考察研究。他能清醒地洞察德国文化的缺陷，特别是美术的衰退。

利希德沃克的教育观偏重于社会美术教育。因为他关注的是现代文化的全体,所以特别鲜明地把美术教育放在社会大文化背景之中作为文化问题来考察。对社会经济的考察,是他首先注意的焦点。不仅如此,他为了把美术教育看作一个文化问题,还提倡"艺术享乐主义"。利希德沃克对美术教育的经济价值的见解体现在他的"艺术享乐主义"中。

朗格进一步将美术教育与国家的经济联系起来,将一个国家、民族的艺术素质视为商业竞争的重要因素。而利希德沃克则明确提出:"我们若在经济上凌驾于他国,我们工业的将来,必须视此国民是否有施行认真的美术教育的决心,以及能否认真地实施美术教育。我们过去仅注意美术家的培养,以为因此可以在世界经济市场中得到优势的地位,然而今日才知道这是偏见!其实国家的经济活力,依托在国民的文化状态上,只有注意消费者教育,才可希望有工业的独立和活力。"据此,利希德沃克主张以"艺术享乐主义"来加强国民艺术消费者的教育。

利希德沃克还建议培养促进国家生产的艺术批评家和位于艺术家与一般公众之间的艺术教育家。为了加强对国民消费者特别是上流社会消费者艺术素质的培养,利希德沃克组织了"艺术享乐主义"教育。为了培养国民艺术素质,他亲自进行教育实践。例如1888年后,他开始带领学生和教师观摩学习昂布尔厄美术馆的艺术品。他用了整整一个冬天,和贵族女校的高班女生一起在美术馆里欣赏美术作品并互相交流。他的审美教育方法成为"全民族"的样板。他主张审美教育应该通过欣赏和描述美术馆展出的美术作品来进行。从他所著的《美术作品欣赏练习》中可以看到,利希德沃克通常要求对作品的内容进行描述,也就是描述作品中烦琐的细节,但是对艺术形象以及不同的作品给人不同感受尚未成为欣赏的内容。他所选择的带有风俗画和叙述特点的"当代美术作品"就是当时汉堡博物馆所收藏的现实主义风格的作品,或是19世纪晚期二流地方风俗画家的作品。利希德沃克认为,美术博物馆适宜于审美教育欣赏的作品应是"当代美术作品"并带有风俗化和叙述的特点,而对艺术形象和绘画构成的不同感受不属于欣赏的范围。

利希德沃克虽然是偏向社会教育的美术教育家,但他对儿童的美术教育问题同样予以特别的重视,且有独到的见解。他非常重视儿童的个性。因为当时的德国对儿童美术教育是一片空白,他对从事儿童美术教育的工作者建议:我们应该让儿童去描绘他们自己观念的世界,而不应该让儿童沉迷于不属于他们时代的艺术教育中。他严厉指责儿童美术得不到重视的现象。

德国忽视儿童美术教育的现状直到1880年以后才得到改观。利希德沃克在《美术品欣赏练习》一书中指出,凡从事儿童教育的人,不应忘记今日的儿童还相当于生活在数千年前的"黄金时代"中的人们,应该让儿童毫无顾忌地去描绘他们自己观念世界中的各种东西。他对德国儿童美术教育的缺乏作了严肃的批评。对于造型美术,教育界一直缺乏注意,与此同时儿童从七岁起每天教一小时音乐。利希德沃克认为如果把这些功夫放在图画与手工的练习上,德国国民今日的现状一定不至于这样,七岁开始教弹琴的儿童中,恐怕百人中没有一个人受到同音乐教育一样的图画教育。利希德沃克认为缺乏艺术教育的学校,不是最好的学校。他还明确指出,对于绘画课应"把它看作是发展理解和表达能力的一种手段"。

据利希德沃克说,1880年以后,德国教育的重心开始转移,"艺术享乐主义"渐渐盛行起来。人们已经承认当时德国教育缺乏本质的要素了。因此在德国各地,几乎同时自发地盛行"艺术享乐主义",上流社会也有不少追随者。"这是因为上流社会富裕又闲暇"。

利希德沃克多次感叹当时所谓"有教养"的艺术家之多,认为这些人非但不能促进艺术发展,而且妨碍艺术的进步。反之,对能使多数人审美能力发展而满足他们创作要求的"艺术享乐主义"组织,他却非常赞赏。他认为培养能感受艺术、理解艺术的公众,是该组织的主要使命,但也要培养促进国家生产的艺术批评家,以及位于艺术家与一般公众之间而灌注艺术兴趣于一般公众的艺术教育家,这是他努力要办的事。利希德沃克为了实现国民美术教育的理想,通过他首创的组织,并与"艺术爱好家协会"互相合作,在昂布尔厄开展了各种美术教育活动。随着"艺术享乐主义"渐渐盛行,在"艺术爱好家协会"开展的美术教育活动影响下,德国的现代美术教育开始崛起。

二、20世纪德国的美术教育

(一)20世纪德国的美术教育状况

相比欧洲的其他国家,德国在历史上一直较落后。14、15世纪开始学习意大利,16、17世纪学习英国和法国,而到了19世纪末20世纪初,德国在哲学、经济、教育上已成为先进国家。此后,逐渐在儿童教育、师范教育和工艺美术教育上领先世界。在美术教育上,推行学校美术教学与工业生产紧密结合的裴斯泰洛齐"图画造型元素"教学法。在第一次世博会之后,德国和英国、法国掀起了轰轰烈烈的美术教育改良运动。德国的利希德沃克、朗格,英国的拉斯金等是这场改良运动的发起者和领导者。他们提出"艺术社会主义"和"艺术教育要促进社会经济发展"的目标,向社会公众普及审美观念等等。

德国从1901年到1903年间召开了三次艺术教育大会,其影响由欧洲发端遂波及世界。其他欧洲国家也先后掀起了美术教育运动。

(二)德国现代普通学校美术教育

1. 德国现代美术教育的开端

1871年,普鲁士国王威廉一世统一了德国。德国统一后,对美术教育非常重视,在第二年就把图画课列为小学和中学的必修课。

在1873年和1876年的两次世界博览会上,德国的艺术教育家海奈斯·利希德尔发现,德国的工艺品明显落后。后来他在《美术教育思想之发展》一文中论述了工艺美术的衰退,大声疾呼艺术教育的重要。他认为,教育不能偏重于科技方面,而应该首先鼓励带有工艺性质的艺术教育,必须提高整个民族的艺术欣赏水平。他的见解在德国后来的图画教学改革被采用。德国由此开始加强了工业竞争意识。

教育专员施图尔曼授命对德国小学的图画课进行改革。改革的内容就是一种机械的"听写绘画练习"。在图画课上,老师先给初学者发一个打好网格的底子,以使学生在网格内正确画画。学生们按照老师的口令,先画水平线,再画垂直线,再画斜线,再画曲线,再画圆。学生能在网格内正确画画后,网格改成了简单的点示,在点示底上再继续练习。经过一系列系统的训练后,学生再按严格的比例学画人体的各个部分,到中学时,再学明暗关系。图画练习的内容分为两类:一类是为男生设计的自然界的简化形状的练习,另一类是供女生练习的人工设计的装饰纹样。这些方法是把裴斯泰洛奇的以基本元素为主的图画课发展到了机械的施图尔曼的图画教学法。由此可以看出他的改革并没有取得较大进步。

施图尔曼的图画教学法在当时被誉为想象力丰富,品位极高,有助于训练敏锐的眼睛,又有助于培养理解力,且极方便图画课教学的先进方法,被传遍北欧诸国。从19世纪初至90年代德国工业革命结束,甚至一直到20世纪初期,在德国各类教育机构中,图画教育仍然和"美术"相差甚远。从基本元素的训练到机械的听写训练,图画教育走过的只不过是一个更为系统而机械的历程。后来,这在德国被称为"罪恶的顶峰"。如此"理性"的美术教育不能不引起反对意见,到19世纪末,终于在德国酿成了一场美术教育运动。

这场美术运动对当时的德国并没有产生太大的影响,但确有其历史意义。其代表人物有：郎格，著有《艺术教育的本质》《德国青年的艺术教育》等；兰本，著有《伦勃朗作为教育家》；利希德沃克，著有《美术作品欣赏练习》等。他们共同的观点之一就是：德国当时的工业技术已很先进，文化上却很落后，美术教育长期以来不关心文化艺术，运用几何、图案、形状、工艺等技法，造出了那么多的工艺品，本国人没有艺术鉴赏力根本就不买。德国人长期对艺术、历史缺乏学习和了解，有失国家尊严，而且这样下去很不利于德国经济的发展。如要在经济竞争上凌驾于他国，必须重视文化历史的教育，重视艺术欣赏，培养艺术鉴赏和审美判断力。

2. 三次艺术教育大会及其影响

一批热爱艺术和艺术教育的艺术家、教育家开始致力于艺术教育的研究和交流活动。在朗格、利希德沃克等人的努力下，1901年9月28日和29日在德国的德累斯顿召开了人类历史上第一次艺术教育大会。在这次艺术教育大会上，许多艺术家、教育家、博物馆和学校组织者一致认同未来时代的人们必须具有艺术素养，只有尽可能地发展他们的艺术天赋，才能提高国民对艺术的兴趣和艺术品位。有250多名代表参加了大会，其中，34名是各地方教育局的代表，24人是教师联合会的代表，另外还有200人由艺术家、艺术爱好者、艺术教师、博物馆长等组成。大会的第一天是报名和讨论研究，第二天是公开讲演。会后还举办展览会，展出绘画、教师教学范本、学校建筑图和美术教学上的新教具等。这次会议的中心议题是研究和讨论艺术教育中有关于造型艺术的教育问题，内容涉及儿童室、校舍、壁上装饰、手工、画本、艺术品鉴赏范本，以及师范学校教师的培养、大学教师的培养等。

朗格、利希德沃克和以下将要提到的德国美术教育史上的另一个重要的人物郭策都参加了大会。会上朗格作了《艺术教育的本质》报告，利希德沃克作了《未来的德国人》的讲演。大会的领导人之一才特利芝指出："我们要达到学校教育的目的，是要创建建设在艺术的或美的基础上的全新的教育。"

朗格、利希德沃克、郭策等人在大会上主张：图画课应是活生生的构造，公众应多接触具有生命力的当代艺术品。由于大多数人不能接受和理解他们的先进思想。大会通过了一个决定，即请一个出版社印刷当时一些艺术家的石刻作品。

在德国第一届美术教育大会上，郭策作了"绘画与造型"的报告，呼吁：第一，图画课应该成为每个学校的主课；第二，学生应该学习独立地观察自然和他们周围客观事物的形与色并简单而清楚地表达；第三，每个老师应自己会绘画并对艺术有强烈的兴趣。但是他的美术教育思想在当时还不能得到普遍认同。

在1903年间，又分别召开了第二次和第三次艺术教育大会，这两次大会没有涉及美术教育，主要讨论的是德语和诗歌创作、音乐和体操。

三次艺术教育大会的意义是使艺术家与教育家增进了了解，加强了相互沟通与合作。直到20世纪20年代，这三次会议对德国乃至世界美术教育的影响才逐渐显现出来。

伴随着欧洲近代美术教育运动的发展，美术教育开始在社会中得到普遍重视。从专业的美术院校到普通的学校，甚至到普通的家庭几乎都被美术教育的思想所影响。在新的社会环境下，许多致力于美术教育研究的思想家和艺术教育家开始进行交流和研究。

艺术教育大会的意义在于使艺术家与教育家有着积极合作的态度，二者有了相互的了解和沟通。摆脱了艺术家对教育家的不信任，肯定了教育家的作用。同时也要求艺术家不能只顾艺术的一方面，对教育的理解也十分重要的。

3. 两次世界大战期间的德国普通学校美术教育

德国工人的革命运动在"一战"后遭到资产阶级镇压。为了重新振兴德国的教育，1920年6月，魏玛共和国政府在柏林召开了全国教育会议。会议讨论了学校教育改革的问题，明确了应该对年轻一代进行充分教育的任务。

这次大会提高了美术教育在德国学校教育中的地位,美术教育的师资质量得到了明显提高。新的教学大纲在1925年制定,规定把艺术课程列为"文化主科",由美术学院培养、通过国家考试的学生才能担任美术老师。

1933年,纳粹党掌握了德国的政权。学校教育成为纳粹政府实行法西斯专政的工具。希特勒强调:"我们需要一个具有强烈主动性的,盛气凌人的,无畏的和残忍的青年。青年必须成为这样的人:他们必须忍受痛苦,绝对不许他们软弱温和……整个教育应培养学生具有绝对优越于其他民族的坚定信念。"这些话就是纳粹党统治时期德国教育的指导思想和工作方针。美术教育强调美术课服务于人民并突出强调民族的优越性。

这一时期也有人提出这样的观点:美术课应该服务于人民,而不应该用外来美术排挤德国美术。在美术课堂中,为了培养学生的家乡、种族和国家的观念,学生被要求练习德国民族艺术品中的丰收图案、装饰花边。这样有助于培养学生的观察力、原则性和灵巧性。从制造军械产品和成为优良士兵的角度来说,这些能力和品质是必备的。

德国20世纪初的美术教育运动到20年代才开始真正产生影响,开始出现了一些美术教育实践模式,如:包豪斯材料与抽象艺术的美术教学实践;哈特劳布的"儿童天才"论的美术教学实践;阔尔布表现与再现相结合的美术教学实践。其中以阔尔布的表现与再现相结合的美术教学实践模式在当时的影响最大。

(三)20世纪初包豪斯的现代美术设计教育

1. 德国美术设计教育的产生

18世纪下半叶,为了适应工业发展的需要,德国对设计人员的培养一开始就被作为一种职业培训,同熟练工人的培养并未区分开来。到了19世纪,才逐渐出现了专门的设计教育。根据不同的工业部门,有了不同的专门职业学校,也就有了不同种类的工业设计。最初的德国工业设计教育也处于一种与艺术教育完全分离的状态,直到19世纪60年代,才表现出与美术相结合的趋势,于是在德国出现了一种新型的美术学校——"工艺美术学校"。这种学校在强调工艺技术处理的同时也注重对创造力和审美力的培养。

德国工业的迅速发展加速了社会对于工业设计师的极大需求。长期以来,由于学院派美术和现代艺术无视社会发生的翻天覆地的变化从而脱离生活的实际需要,因此,美术在德国的工业生产中都没有发挥应有的作用。19世纪以来,德国人就一直在寻找着一种能将工艺和美术紧密结合的方式。到了20世纪初,德国有60多所学校开设了工艺系,虽然有的学校只进行初级的技术培训,但是大多数都和美术学院有着密切联系。然而工艺与美术的真正结合到了包豪斯成立才得以实现。

20世纪初,西方现代美术教育史上最具影响的事件就是德国出现的包豪斯教育思想与方法。包豪斯,全名"国立魏玛包豪斯学校",它是世界上第一所现代意义上的美术设计学校。包豪斯的成立标志着现代美术教育运动的开端。

包豪斯是由德国著名的设计师、设计理论家沃尔特·格罗庇乌斯于1919年在魏玛创建的。魏玛美术学院与市立工艺美术学校合并,成立"国立包豪斯学院",第一任院长由年仅35岁的格罗庇乌斯出任。后来包豪斯曾两次易址。1925年,它迁至德骚市,1932年又迁至柏林。由于希特勒领导的纳粹分子掌权,1933年,包豪斯被迫解散了。

格罗庇乌斯起草的《包豪斯教学大纲》第一次将美术与手工技术结合的构想付诸全面性的试验和实践行动。在包豪斯的教育实践中,他提倡理论与实践相结合的教学方法,竭力反对"学院派"重纯美术、轻实际应用的艺术至上主义,比较彻底地抛弃了传统"学院派"把纯美术与实用美术截然分家的旧观念。格罗庇乌斯后来逐渐消除了美术与工业技术间的距离,加强了工场生产,教育重心也由艺术与手工技术的结合转向艺术与工业技术的结合,并注重使学生具备全面的知识和技能,充分发展学生的个性,同时倡导实现艺术与技术的统一。

2. 包豪斯的教学与成果

包豪斯的培养目标是,使学生具备充分能力去运用科学知识和艺术素养,创造一个能满足于人类精神和物质双重需要的新环境——"建筑",调和人与环境之间的关系,在理论和实际两方面探索工业技术。

包豪斯成立之初,其学制是8个学期。学生需要向校方提交自己的作品样本、学业简历以及各种证明。学生被录取时,获准参加6个月的"基础课程"学习。目的在于"解放学生的创造力,培养他对自然材料的理解力,使他熟悉视觉艺术中所有创造性的活动都必须强调的基础材料"。教学内容是进行形态教学和色彩教学。形态教学以制作木材等材料开始。色彩教学从三原色、制作12色轮开始。早期的基础课程重视手工制作,后来采用的是与机械生产相关联的基础教育方法。在基础课程结束以后,通过考核的学生正式成为包豪斯的学员,然后选择一门工艺学习。

包豪斯学院首先废除了传统美术学院的单纯性美术教学法,而着重于传授工艺的技艺。首次将平面、立体结构、材料、色彩的研究建立在科学的基础之上,开创了课堂讲学和工作室(或作坊)实习相结合的教学方式,设立了各种工厂。

包豪斯学院先后培养和集中了一批优秀的教员,如瓦西里·康定斯基、保罗·克利、莫霍里·那基、约瑟夫·艾伯斯、约翰尼斯·伊顿等。包豪斯学院的教员成分比较复杂,尤其是一些表现主义、神秘主义的美术家到此任教,对包豪斯教育作出了很大的贡献。比如康定斯基从1922年至1933年一直在学院担任壁画装饰工场的造型课程,通过造型与色彩分析,引导学生联系现实。从而打破旧教学理论对学生的恶劣影响。他的《从点线到面》等著作,对视觉艺术的造型和色彩作了分析性的研究,对美术教学具有重要的意义。又如克利从 1920 年至 1931 年一直担任镶嵌玻璃工场的造型教学工作,他把讲义编成了《教学札记》和《教育速写》,对现代美术教学理论的发展作出了积极的贡献。再如伊顿,他在教学中力求使学生完全摆脱传统绘画的束缚,注意材料的运用和因材施教。

在格罗庇乌斯和包豪斯学院全体教职员工的共同努力下,学校的教学和设计取得了丰硕的成果,几年时间就把学院办成了欧洲第一流的设计教育中心,培养了一大批具有世界先进水平的工业设计师。

1924 年,包豪斯学院为庆祝建校五周年,举办了教学成果展览会,赢得了人们的普遍赞誉。在展出期间,有 15000 余人从世界各地赶来参观,还有 1000 多家厂商要求与学校签订合同,购置教师的优秀设计。社会高度评价包豪斯学院的教学成就,把学校誉为"工业设计的摇篮"。

第二次世界大战前夕,因不堪容忍法西斯残酷迫害的杰出的包豪斯教育家们,纷纷流亡美国,并受到美国的欢迎和重视,他们分别在美国大学任教,精心培养新型的美术人才。格罗庇乌斯到哈佛大学任建筑系主任,艾伯斯在北卡罗莱的黑山学院教美术。1937 年,包豪斯学院最后一任院长那基则干脆在芝加哥挂起了"新包豪斯学院"的牌子,继续从事美术设计教育。这样,包豪斯的思想与美国讲究实效的精神结合在一起,使 20 世纪上半叶的美术教育达到了高潮。包豪斯是"世界上第一所用现代风格解决现代设计问题的学校",它办校 14 年,培养了 1200 多名学生,对世界建筑、工业设计以及设计教育影响深远,也为德国的工业设计打下了坚实的基础。

(四)德国美术教育思潮

1."从儿童出发"的美术教育思潮

早期美术教育通过绘画使儿童大脑得到更加全面的发育,更容易感知生活和自然界中美的东西,而不是要把每个孩子都培养成画家。儿童3岁左右就可以进行涂抹绘画。世界发达国家非常重视儿童的早期美术教育,提倡进行早期美术教育,主要原因在于,这个时期的孩子正处在对色彩、空间、记忆、想象等能力的引发优势期。俗话说"机不可失,时不再来"。遵循科学的引发潜能的优势期进行早期艺术教育,对于开发儿童智力引发人的潜能,尤其是对右脑潜能的引发具有极重要的意义,这将大大有利于人的全面发展,有利于对人才的开发和培养。

无论从事任何职业的人,在现在与未来的生活中,美术素养都是非常重要和不可缺少的素质之一。恩格斯被人们称为"百科全书",他所涉及的学问,几乎包容了人类所有的知识领域。20世纪最有成就的科学家爱因斯坦,除了钻研科学,也热爱艺术。儿童是把绘画作为一种游戏的方式,通过自娱自乐的活动,达到身心的愉快。儿童心目中有着一个完全不同于成人的别样天地,不能硬性地把他们拉入成人的生活,而应该用童心,按照儿童合理的欲望发展他们自己的世界,给他们适当的环境,供给他们所需的材料,在有计划的活动中,让他们能获得更多的喜悦和满足。这样,儿童的心理和生理,才能更加健康地发展。

儿童绘画艺术是儿童心理机能成长的需要,因而应引起美术工作者的重视。儿童绘画,与体现原始观念的原始绘画、民间绘画有很多共同之处。最具有诱惑力的是创造意识的自由和艺术形式的自然。孩子们不受时空的束缚,不受客观情理的限制,喜爱在平面上自由自在地做文章,凭那稚嫩拙朴的线条和缤纷的色彩去排列组合自己心目中对生活丰富、新鲜的感受,大胆地创造他们自己想象出的各种艺术形象。

2. 阔尔布"表现与再现相结合"的美术教学实践模式

美术教育实践家阔尔布在《图画造型作为大众学校的任务》中认为:"美术教育运动初始最严重的错误就在于它把美术教育的重心放在美术鉴赏上并与课堂和造型分离。人们对待美术教育这个属于观察和造型领域的专业像对待其他的科学学科一样通过'教'和授课,即通过语言概念来唤起对艺术的理解,如今再也没有人相信这条道路的正确性了。人们已经认识到,真正的艺术感觉种对艺术的内在的个人理解,只能通过个人的创造来得到,从这个意义上可以说,一个人从事了多少艺术就懂多少艺术。这也是我们现在正身处其中的第二次美术教育运动开端时的标志。"

阔尔布主张美术教育必须通过美术活动来进行,要把教学内容单一的图画课变成教学内容丰富的美术课。因此,阔尔布在《图画造型作为大众教学的任务》里精心设计了许多有趣的美术活动内容,这些美术活动内容还考虑到了不同年龄阶段儿童的心理特点和心理需求。

阔尔布"表现与再现相结合"的美术教学实践模式以及基础教学思想在当时的德国影响很大。随着1929年的经济危机在全世界的爆发,德国的中小学校删减了美术课,直到1933年4月1日恢复。

3. 哈特劳布"儿童天才"论的美术教育实践

哈特劳布作为艺术史学家和美术馆长,在曼海姆美术馆主办的儿童艺术展览引起了轰动。作为艺术理论研究学者,他不能做系统的美术教育实践,但对儿童美术教育也有自己独特的观点和实践活动。

哈特劳布认为,儿童是自然的一部分,有着非凡的艺术创造力,许多创造性的人物有着非凡而独特的童年和过去。所以,他一方面怀着兴趣研究艺术家们的童年,另一方面想方设法保护和发展"天才儿童"的"梦幻力"。在他的研究实践中,记载的几乎全是出自艺术家庭的儿童,他们很早就接受到艺术的熏陶,很早就有作品问世。后在"二战"中遇难的儿子及他后来成为著名作家的女儿都在他的研究之列。

第三节　中国美术教育

一、中国现当代美术教育概述

20世纪的中国美术教育，以学校为主要阵地，以适应现代文化发展为宗旨，以培养社会所需要的美术人才为目的，是全新的美术教育模式。跟古代美术教育相比，无论是发展速度、教学模式还是教学体制都有着较大的变化。

"五四"运动以后的美术界发生了令人瞩目的变化，主要表现在以下几个方面：

第一，出国留学之风兴起。这是油画传入中国的主要途径，油画作为中国绘画领域的新生事物，作为一种外来的艺术流派，只有依靠现代的教育手段来传播。为了引进西方油画，让东西方艺术交融发展，美术界和教育界的很多人身体力行，付出了很多努力。第一位去国外学习油画的是李铁夫，接下来是李叔同、冯钢百等，他们后来均成为中国油画发展的先驱者。据统计，在1887—1937年间，出国学习美术的留学生就有200多人，这些人回国后或创立美术学校或执教于各地的美术学校，为中国美术教育的发展作出了很大贡献。

第二，美术学校的兴起，学校成为民国时期传播现代美术的最主要阵地。通过创办美术学校，借助先进的教育手段，来传播西洋美术的观念与技法，这是当时美术教育的主要方式。

第三，美术教育理论有了实质性的突破。这个时期美术领域的指导思想正发生着历史性的转折，主要表现在蔡元培的"美育救国"思想深刻影响了当时的艺术界。

1927年，蔡元培担任中华民国最高学术教育机关——大学院的院长，他极力推行"以美育代宗教"的主张，对"美育"给予高度重视,将涉及"美术""美育"以及"美感"这几个词的核心美学问题作了深刻的归纳,目标就是培养新人格。这一举措使美术教育的意义有了深刻的延伸,进一步推动了新的美术学校、组织、团体的产生。

抗日战争时期,延安美术教育的发展最受人们的关注。鲁迅艺术学院是当时陕甘宁边区唯一一所高等艺术院校。鲁艺的教育方针明确规定:"以马列主义的理论和立场,在中国新文艺运动的历史基础上,建设中华民族新时代的文艺理论与实际,训练适合今天抗战需要的大批艺术人才,使鲁艺成为实现中共文艺政策的堡垒与核心。"鲁迅艺术学院以政治理论和文艺理论为必修课程,强调文艺思想改造,重视教育与现实革命斗争的密切联系,在极其艰苦的条件下,通过短期培训,培养了一批美术骨干力量,遵照毛泽东《在延安文艺座谈会上的讲话》精神,积极投身基层生活,到革命斗争第一线从事美术实践活动,在木刻、连环画、漫画、年画的学习和创作中取得了很大成绩。但由于战争条件的限制,他们很少有机会从事油画和中国画的教育和学习。这一阶段陕甘宁边区的美术教育目的主要是宣传革命,执行这种宣传任务的最常见工具是木刻版画(包括木刻年画)。与此同时,漫画也发展成为一种具有战斗性和革命性的宣传工具。在国统区,美术教育也有一定的普及发展。比如全国漫画协会在举行漫画展览的同时,还开办了"漫画研究班""战时绘画训练班""漫画与木刻讲座"等多种教育形式,在兵荒马乱的战争年代坚持培养漫画人才。

中华人民共和国成立以后,美术界的组成大体分两部分,一部分是原来生活在国统区的画家,另外一部分是来自解放区的画家。这其中最有影响力的美术教育家、画家当属徐悲鸿。从1920年开始,徐悲鸿就一直在美术教育界努力工作并取得了丰硕成果。从法国留学归来后,他坚持写实的学院教学风格,逐渐形成了一整套系统的教学模式。徐悲鸿的办学也得到了政府的支持,中华人民共和国成立后,作为美术界领军人物,徐悲鸿继续为新中国的现实主义美术教育发展作出了较大贡献。

20世纪50年代，中国美术教育的发展，还有一个强大的外因影响，那就是苏联的社会主义现实主义美术。苏联的美术教育特点主要是实行正规学院派的训练方法，提倡写实的、主题性的艺术语言和表现手法，主张艺术应该反映工农群众的实际生活状况。当时的中国美术教育，很多是把苏联美术院校现成的教学体系，照搬到我国高等美术院校的教学中，其中最典型的例子是契斯恰柯夫教学方法，50年代初，这套教学体系由我国文化部引进并推广，成为我国高等美术学校素描教学的重要组成部分。

随着改革开放时代的来临，美术教育被注入了新鲜的血液，宽松的多元化的环境日渐形成。在美术界，又掀起了新的一轮出国潮，莘莘学子走出国门奔赴欧美发达国家深造，在国际交往的大背景下认真思考，并由此引发了一轮新的中西艺术创作和教育之争。

1982年，文化部、轻工业部联合召开了全国高等美术院校工艺美术教学座谈会，一直以来被看作是边缘性综合教育学科的工艺美术教育，由于其自身的特点和规律，开始受到重视。该会议进一步推动了工艺美术学科的研究和教学工作，一个与社会需要、与现代科技、与民间传统艺术全面结合的、具有中国特色的高等工艺美术教学体系初步形成。1985年11月，首次全国艺术院校中国画教学座谈会召开，会议讨论了在新形势下中国画的继承、创新和培养优秀人才的问题，同时还就中国画的教学体制改革、创作教学、基础教学问题进行了探讨。

20世纪90年代以后，中国美术界多元并存、共同繁荣的趋势愈加明显，美术学科的发展进入一个实验性的创作和教育时期，最突出地表现在油画的教学和创作上：中央美院首先设立了工作室，专门从事绘画某一方面的研究创作，如第四工作室专门进行抽象艺术的实验；又如陈守义的综合绘画工作室，目的是打破各科目之间的规定壁垒，在材料、手法和观念等方面尝试新的综合创作方法。在进行各种实验性探索的同时，各大美术院校以及综合大学、师范院校的美术课程设置上亦有很大的改革。美术学院的美术教育比较关注艺术的内部问题,偏重对艺术实践方面的训练,而综合大学和师范美术教育则更侧重于关注艺术的外部问题和新艺术史提倡的整体性综合发展教学。

这一时期总体的美术教育趋势是:(1)在整个美术教学中,艺术设计教育得到大力提倡,所占比例迅速增加,艺术教育与市场、社会的需求开始紧密结合;(2)新专业的设置,特别是艺术设计、动画等专业有后来居上之势,传统专业如油画、中国画在高校教育中的主体地位受到冲击。

进入21世纪,随着美术教育的迅猛发展,高等教育改革的继续深化,以及教育部提出的课程体系和教学内容改革计划的实施,美术教育的系统建设和发展迎来了真正的春天。立足中国本土,积极借鉴西方经验,加强国际交流,不断建构国际化的大美术教学体系,中国的美术教育正在经历着跨越式的发展。

二、中国中小学美术课程理念的发展历史

课程理念是指一门课程所要追求的目标和价值取向。不同历史时期的教育思潮和教育主张会对课程理念产生着重要影响。以下,我们从历史的角度梳理自清末以来中国中小学美术课程理念的发展嬗变。

(一)清末至中华人民共和国成立之前的美术课程理念

1. 洋务运动影响下的美术课程理念

鸦片战争之后,一批维护封建统治的官僚群体掀起了追求"自强""求富"的洋务运动。洋务派认识到欲改变中国积弱累贫的现状,兴办"西学",提倡"新教育",造就人才,"实为中国自强之本",且是"目前当务之急"。1867年(同治六年)福建创办了船政学堂。虽然,船政学堂是专门培养造船技术人才和海军人才的学

校,但在学校的课程中已开设了"画法"科目,这是中国新式学堂里最早开设的"绘画课"。随后,上海广方言馆、上海格致书院、天津电报学堂、天津武备学堂、江南水师学堂等同类学校的课程中都设有"图绘""图画学""制图"等科目。但是,当时绘画课的学习内容与现在大不相同,实际上都是学习"几何作图"。

2. "癸卯学制"时期的美术课程理念

1904年1月13日(光绪二十九年),清政府颁布了《奏定学堂章程》,也称"癸卯学制"。"癸卯学制"第一次肯定了图画和手工在学校教育中的地位,其目的是"以养成其见物留心,记其实象""养成好勤耐劳""练成可应实用之技能"。培养学生毕业后"以备他日绘画地图、机器图,及讲求各项实业之初基"。因此,当时图画和手工课的课程理念受洋务运动"实业教育"影响很深,重点是为了培养学生实用专门技术之人才,教会学生一些"实用之技能"。这是"西学为用"的原则在中国美术教育中的具体实施。

3. 民国初期的美术课程理念

1912年,中华民国诞生,蔡元培出任第一任教育总长。他上任伊始,便根据资产阶级民主共和国的要求,提出了军国民教育、实利主义教育、公民道德教育、世界观教育和美感教育"五育"并举的教育主张。同年9月2日,教育部正式公布的教育方针采纳了蔡元培的意见,即"注重道德教育,以实利教育、军国民教育辅之,更以美感教育,完成其道德"。9月3日,中华民国第一个《学校系统令》公布,史称"壬子学制"。与清末"癸卯学制"相比,民国初期图画课的课程理念除了"使儿童观察物体,具摹写之技能"以及"使详审物体,能自由绘画"掌握一定的美术技能外,已经提出培养学生"养其美感""涵养美感"的审美要求。由此可见,蔡元培提出的"美感教育"思想在民国初期中小学图画课的课程理念中开始得到了重视。

第二章　国内外中小学美术教育的发展

4. 20世纪20年代新学制时期的美术课程理念

1919年五四运动之后,一批美国教育家陆续来华讲学,特别是杜威所提出的"教育即生活"和"学校即社会"口号,以及所提倡的以"儿童为中心"观点,对中国教育界产生了重大影响。1922年,中国进行了近代教育史上最有影响的新学制和新课程改革。1923年6月,"全国教育会联合会"颁发了《小学形象艺术课程纲要》和《初级中学图画课程纲要》,其中小学的"图画"课名称改为"形象艺术"课,而初中美术仍称"图画"课。1923年颁布的小学美术课程纲要提出:"启发儿童艺术的本性";研究问题时要"引导儿童自己比较研究";制作时要"注重想象创造和写实"的理念,这就是杜威以"儿童为中心"的观点在课程纲要中的具体体现。

"五四"新文化运动时期,我国许多学者越来越认识到"美感教育"对培养国民"养成健全人格"的重要性,于是纷纷撰写文章倡导美育,并详细拟订实施美育的具体办法,遂使美感教育成为一种思潮。1923年颁布的中小学美术课程纲要提出:"增进美的欣赏和识别的程度""增进鉴赏知识,使能领略一切的美"课程理念。为此,课程纲要将"欣赏"一项,首次列入学习内容之中,并指出:"欣赏一项,向来大家不甚注意。但在普通教育的美育上很为重要。我国社会欣赏美术的程度很低,学校中应该特别注意。所以,学校宜设法多备些美术品,使儿童时常欣赏。"由此可以看出,民国初年蔡元培倡导的"美感教育",经五四新文化运动的推广,在1923中小学美术课程纲要中真正得到了落实。

5. 20世纪20年代末至七七事变前的美术课程理念

1929年8月,国民政府教育部颁布了中小学课程暂行标准,其中中小学美术课程标准提出了:"增进美的欣赏和识别的程度,陶冶美的发表和创造的能力""善导审美的本能,养成领略美象的鉴赏力"。为此,课程标准将欣赏内容明确规定为欣赏自然美(自然物和自然现象)和艺术美(绘画、雕刻、塑造和其他美的物品)两个方面,"以使儿童爱美恶恶"。在教学方法方面提倡"宜切合儿童的需要,并须兼顾儿童的程度和能力"。

当时美国中小学美术教育出现了"每日生活中的艺术"思潮,即强调通过艺术和设计来改善日常生活,主张将艺术融入个人的日常生活之中。受其影响,1929年颁布的中小学美术课程标准中出现了"引导对于美术原则的学习和应用,以求生活的美化""涵养美的态度,以为生活的指导"的课程理念。在教学实践中要求学生"能应用花草、人物、动物和有趣味的线条,作宣传画及书本、表格、商标、广告和工艺品上的装饰"。

1932年和1936年,教育部修订和颁布了小学、初中和高中美术课程标准,其中"增进美的欣赏和识别的程度,并陶冶美的发表和创造的能力""指导儿童了解美术的原则,注意实际的应用,以求生活的美化"以及教学中强调"宜切合儿童的需要,并须兼顾儿童的程度和能力"等课程理念始终没有改变。

6. 七七事变后至抗战胜利前的美术课程理念

1937年卢沟桥事变之后,全面抗日战争开始。1938年3月,国民党在武汉召开临时全国代表大会,制定"抗战建国"的基本国策,通过《战时各级教育实施方案纲要》,确立了"战时当作平时看"的教育指导方针。1941年,教育部颁发了《六年制中学图画课程标准草案》《修正初级中学图画课程标准》《修正高级中学图画课程标准》;1942年颁发了《小学图画科课程标准》。这些课程标准都强调了"启发学生审美本能,涵养其性情""陶冶其对于美的欣赏和识别""培养其了解与欣赏美术作品之能力"等课程理念,因此,当时小学阶段欣赏内容包括名家作品(绘画、雕刻等)、织物样本、书本报纸的封面画、广告画、滑稽画、讽刺画和名著的插画、邮画片、日历以及各种陶瓷器、漆器等。中学阶段欣赏内容要求教授中外美术简史,其中包括中外美术发展之梗概;中外美术之互流;重要作家作品之介绍等。高中阶段要求对于古代近代之名作,与现代精神作比较观。在教学方法上,仍强调"取材宜新颖,期能引起学生之兴趣""说理宜简明,期能适合学生之程度与年龄"的理念。

7. 抗战胜利后至中华人民共和国成立前的美术课程理念

十四年浴血抗战的胜利,洗雪了中国百年来屡遭列强侵凌的民族耻辱。但是,国民党政权却在1946年6月又全面发动了反共内战,强制推行独裁统治。1948年,教育部又修订了小学、初中、高中美术课程标准,除以上所提出的课程理念外,还提出了"鼓励休闲时习作各种美术以涵养优良品性""使能于休闲时自动创作各项美术以涵养优秀品格"的课程理念,鼓励学生"利用远足或旅行写生""利用课外时间组织关于美术各项之研究会或活动"等。

总之,民国时期强调"涵养美感""以求生活的美化"以及"鼓励休闲时习作各种美术"的课程理念,与清末时期图画课仅仅是为了培养学生实用专门技术之人才,教会学生一些"实用之技能"的课程理念,已有了本质上的区别。

(二)中华人民共和国成立后的美术课程理念

1949年10月1日,中华人民共和国成立,由于在建设社会主义的教育体系上缺乏经验,因此借鉴了苏联教育建设的经验。1950年8月,中央人民政府教育部颁布了《小学图画课程暂行标准(草案)》,提出"逐步发展儿童的观察力、想象力、发表力和创造力""逐步提高儿童的审美力和对伟大祖国艺术的初步认识""培养儿童从学习绘画中,追求美化祖国,美化人民生活的理想,加强为祖国建设,为人民服务的思想、情感"的课程理念。由于《小学图画课程暂行标准(草案)》是中华人民共和国建立之后的第一个小学美术课程标准,因此它的颁布,使中华人民共和国美术教育有了一个良好的开端。

1951年3月,教育部在北京召开第一次全国中等教育会议。会议指出:"对普通中学的宗旨和教育目标是使青年一代在智育、德育、体育、美育各方面获得全面发展,使之成为新民主主义社会自觉的积极的成员。"在这次会议精神的影响下,1952年3月18日,教育部同时颁布了《中学暂行规程(草案)》《小学暂行规程(草案)》,在这两个法规当中规定了中小学应对学生"实施智育、德育、体育、美育等全面发展"的教育方针。

1956年9月,教育部颁发了《初级中学图画教学大纲(草案)》,同年11月,教育部又颁发了《小学图画教学大纲(草案)》。教育部先后颁布的这两个图画教学大纲是中华人民共和国成立以来第一套完整的中小学图画教学大纲。两个大纲根据教育方针中所提出的"美育"要求,都强调了"图画教学是对学生进行美育的重要手段之一",初中的大纲还强调"要有意识地进行思想教育,培养学生的国际主义、爱国主义精神和民族自豪感"的课程理念。受苏联中小学图画教学的影响,两个大纲在教学中还强调了"现实主义绘画的原则",注重通过图画教育"培养学生共产主义道德品质、共产主义理想、共产主义世界观和促进学生个性的全面发展,在此基础上再发展学生的审美能力"。

(三)20世纪70年代末的美术课程理念

20世纪70年代末,中国推行了具有深远历史意义的改革开放政策。经济有了长足的发展,社会面貌发生了深刻变化。在这样的社会环境下,中国的中小学美术教育也取得了巨大的变化。

1979年6月,教育部颁发了中华人民共和国成立后第二套美术教学大纲——《全日制十年制学校中小学美术教学大纲(试行草案)》。大纲提出"美术教育是对学生进行美育,促进智力发展的重要手段,是培养学生德、智、体全面发展的组成部分"的课程理念,表明当时随着改革开放,大家又重新认识到美育在现代化教育中的重要性,美育同德育、智育、体育有着密切的、缺一不可的关系。大纲还将中小学美术教育提到"它对于提高整个中华民族的科学文化水平、实现四个现代化,具有不可忽视的作用"这样的高度来看待。并认为,绘画教学"对于培养学生运用辩证唯物主义观点和方法去观察、研究、表现客观事物的能力有着重要的作用";工艺美术教学"能促进学生眼明手巧和思维能力的发展,培养他们耐心、细致、整洁、有计划工作的习惯";欣赏教学"能开阔学生的眼界,懂得造型艺术与社会主义事业之关系""树立爱国主义和国际主义思想"。为此,大纲要求教师们在教学中"美育要贯穿始终"。因此,重视审美教育和思想教育已成为了这一时期中国中小学美术课程理念的主要特征。

(四)20世纪80年代至90年代末的美术课程理念

1985年,国家教委再一次组织人员起草了九年义务教育全日制中小学美术教学大纲。1988年11月,国家教委颁发了《九年义务教育全日制小学美术教学大纲(初审稿)》《九年义务教育全日制初级中学美术教学大纲(初审稿)》。后经过多次反复修改,于1992年正式颁布,这是中华人民共和国成立以来第三套美术教学大纲。两个大纲都提出了美术课"是对学生进行美育的重要途径,它对于陶冶情操,启迪智慧,促进学生全面发展,具有重要作用"的课程理念。在教学方面,两个大纲都要求"处理好思想品德教育、审美教育、能力培养和双基训练的关系。在传授双基、培养能力过程中,加强思想政治品德教育"。在教学内容方面,则都强调"应该体现民族特点,充分发扬我国民族、民间优秀的艺术传统,增强学生的民族自豪感"。

2000年,教育部又对1992年的中小学美术教学大纲进行了修订。两个大纲都提出中小学美术课是"一门必修的艺术文化课程"的新理念,表明中小学美术课将从以往作为技能性质的学科,重新定为"艺术文化课程"的性质,为此两个大纲都提出美术课"是学校实施美育的重要途径。它对于陶冶情操,提高美术文化素养,培养创新精神和实践能力,促进学生德、智、体、美全面发展,具有重要作用"的课程理念。在教学中,仍要求教师"处理好思想品德教育、审美教育、能力培养和双基训练的关系。在传授双基、培养能力过程中,加强思想政治品德教育"。在教学内容方面,除强调要"体现民族特点"外,还提出"充分利用当地的美术资源,丰富美术教学的内容"。此外,大纲还增加了美术教学评价部分,并提出"美术教学的评价要符合美术学科的特点,体现美术教学的特殊规律"的新要求。

总之,20世纪70年代末以来,中国中小学美术课程的理念,始终强调将思想品德教育和审美教育有机地融入美术教学过程之中,强调要"体现民族特点""增强学生的民族自豪感"。

(五)新世纪的美术课程理念

随着21世纪的到来,2001年7月,教育部颁布了《全日制义务教育美术课程标准(实验稿)》,此次颁布的课程标准,力求体现素质教育的要求,具有这样几方面的特点:

(1)将美术学科作为人文学科来看待。通过美术课程的学习,使学生共享人类社会的文化资源,积极参与文化的传承,并对文化的发展作出自己的贡献。

(2)将美术门类根据学习活动方式划分成学习领域,如"造型·表现""设计·应用""欣赏·评述""综合·探索",改变了单纯以学科知识体系构建课程的思路和方法。

(3)加强学习活动的综合性和探索性,尤其是"综合·探索"领域,更是强调美术学习领域之间、美术与其他学科、美术与现实社会等方面相综合,旨在发展学生的综合实践能力和探究发展能力。

(4)注重美术课程与学生生活经验紧密关联,强调知识和技能在帮助学生美化生活方面的作用,使学生在实际生活中领悟美术的独特价值。

(5)强调学生的主体地位,提倡探究性的学习,以及自主性和合作性的学习,改变教师是课堂教学的唯一主角的现象,提倡师生间的平等关系。

(6)鼓励学生自评、互评;注重对学生美术活动表现的评价;提倡采用多种方式评价学生的美术作业。

第二章　国内外中小学美术教育的发展

2007年4月,教育部召开义务教育课程标准修订工作启动会议,开始对2001年颁布的《全日制义务教育美术课程标准(实验稿)》进行修订。2012年1月,教育部颁布了《义务教育美术课程标准(2011版)》。修订后的课程标准,仍保持了原有的基本理念,但根据当前的美术教育发展趋势,提出了"学习图像传达与交流的方法形成视觉文化的意识和构建面向21世纪的创造力"的新要求,并提出了"美术课程应该在我国基础教育课程体系中发挥更积极的作用,为国家培养具有人文精神、创新能力、审美品位和美术素养的现代公民""以社会主义核心价值体系为导向,弘扬优秀的中华文化,力求体现素质教育的要求"以及"增强对自然和人类社会的热爱及责任感,形成创造美好生活的愿望与能力"等新在课程性质方面除强调"人文性"外,还增加了"视觉性""实践性"和"愉悦性"的定性。

日本小学二年级绘画作品

第二章 国内外中小学美术教育的发展

日本小学生绘画课堂实践

第三章　中小学美术教学的要素

美术教学是教师和学生相互作用的统一体,是教与学的统一体。它最终的落脚点是学生的学习,即通过教学的过程让学生学会学习,这是现代教育的理念。为了达到这一教学目标,现代美术教育对学生和教师素质提出了新的要求。同时,美术教材也要与时俱进,以适应现代美术教育的发展。

第一节　美术教学中的学生

一、美术学生的特点

(一)学生是美术教育的对象(客体)

学生是美术教育的对象,是被教育者、被组织者。学生是接受教育的群体与个人,美术教育时刻以学生为教育主体。

学生处于长知识、长身体的时期,也是品德、人格正在形成的时期,具有很大的发展潜力。因为学生多属于未成年人,还不具备完全独立生活的能力。在家里,他们要依赖父母,入学后他们将对父母的依赖转为对教师的依赖。学生入学后,教师成为他们获取知识的来源,解决问题的顾问,也是行为举止的楷模。

学生成为美术教育的对象表现在:学生明确自己的主要任务是学习,具有愿意接受美术教育的心理倾向,服从教师的指导,接受教师的帮助,期待从教师那里汲取营养,促进自身的身心发展。

(二)学生是自我发展的主体

学生是具有主观能动性的个体。首先,学生不仅是有生命的动物,还是有意识、有情感、有个性的社会人,他们不是盲目、机械、被动地接受作用于他们的影响,而是具有主观能动性的人;其次,学生在接受美术教育的过程中,也具有一定的素质,可以进行自我美术教育,因此,学生是自我美术教育和发展的主体。

学生能根据具体的目标或要求,或在某种情境的激发下,自行采取相应态度或行动,如学生在课堂上主动回答问题、参与活动,课后主动完成作业、帮助同学等。

学生具有独立性。这是自觉性进一步发展的表现。学生能自行确定或选择符合自身需要、特点和条件的目标和行动方式,并能在实现目标的行动中自我监督和调控。

学生具有创造性。这是学生主观能动性的最高表现。它表现在学生不仅具有自觉性和独立性,而且有超越意识,如超越书本、超越教师、超越自己和群体等,在教学过程中,表现为不满足于书上的现成结论,不满足于教师提供的解题方法,倾向于想出新颖的或与众不同的见解或解决问题的方法。

(三)学生是发展中的人

就生理和心理发展程度来说,学生都不大成熟,但他们有着极大的发展潜能,处于发展非常迅速的时期。学生的发展既有量的变化,又有质的变化。当在一定量变的基础上发生质变时,学生的发展就会进入一个新的阶段,学生的发展既是连续的,又是阶段性的,学生作为发展中的人,其发展是指生理和心理两方面向积极方向连续不断的变化过程,学生是发展中的人,包括三层涵义:第一,学生具有和成人不同的身心发展特点;第二,学生具有发展的巨大潜在可能性;第三,学生具有获得成人美术教育关怀的需要。

二、学生绘画发展的阶段

(一)儿童绘画发展阶段的相关理论

研究表明,由于每个儿童的天赋和客观条件的差异,他们的绘画能力有着显著差别,但并不能否认儿童绘画发展有着基本的规律,而且这一基本规律是实施美术教育的基本理论依据。儿童青少年绘画发展是逐渐演进的,本无截然分明的阶段,但是儿童在绘画发展的不同阶段确有其不同的特征,并与其年龄、心理发展水平有一定的相关性,因此,划分为若干阶段的目的是便于儿童绘画发展规律的研究。近百年来,许多心理学家、教育家纷纷涉足研究,由于出发点和理论背景的不同,提出了不同的分期和称谓,参见表 3-1。[①]

(二)儿童绘画—言语发展相关论

儿童绘画发展有一定的阶段性特征,但这种普遍性特征也会因主客观原因而发生变化:

第一,社会的发展、生活水平的提高、影视文化的影响、家庭对独生子女培养等因素,使儿童比以往更早熟,会从正面或负面影响儿童的绘画兴趣和能力。有迹象表明,电视、游戏机、家庭电脑的普及,反而会抑制儿童绘画的积极性。

第二,不同个体在绘画能力上会有较大差异性,而同一个体也会出现发展的阶段性差异。

第三,幼儿园、学校和校外美术教育的普及与完善与否,也会对儿童绘画水平产生影响,但这并不影响对于普遍规律的研究。我们通过研究认为,儿童绘画发展阶段的各种特点除了与儿童身心发展水平相关之外,最重要的是同儿童言语发展水平直接相关。提出"儿童绘画—言语发展相关论"(表 3-2),理顺了儿童绘画发展

[①] 王大根.中小学美术教学论[M].南京:南京师范大学出版社,2013.

表 3-1　儿童绘画发展阶段的各种分期和称谓一览表[①]

年龄	心理学分期	[法]J.G.H 吕凯	[英]JH 里德	[美]V 罗恩菲德	[中国台湾]赵云	常锐伦	屠美如	王大根
2	婴儿期(1—3)(先学前期)	(潦草的)偶然的写实阶段，又称涂鸦期	错画阶段(2—5) 画线阶段(4)	自我表现的第一阶段(涂鸦阶段)(2—4)	涂鸦期(1.5—3)	涂鸦期(1.5—3)	涂鸦期(1.5—4)	涂鸦期(1.5—3)
3								
4	幼儿期(3—6/7)(学前期)	(不及格)不完全的写实阶段	图形的象征主义阶段(5—6)	首次的表现尝试(样式化前阶段)(4—7)	表象符号的形成(3—4/5)	象征期(3—5)	象征期(4—5)	"词"的符号期(3—5)
5							概念画期(5—8) 初期(5—7)	
6					主观感觉期(5—9)	意象前期(5—7)		"句"的符号期(5—7)
7			图形的写实主义阶段(7—8)	形体概念的形式(样式化阶段)(7—9)			后期(7—8)	符号期
8	儿童期(6/7—11/12)(学龄初期)	(理智性的)知的写实阶段				意象后期(7—9)	写实期(8—15) 初期(8—11)	陈述的符号期(7—9)
9			视觉写实主义阶段(9—10)				后期(11—15)	

[①] 王大根. 中小学美术教学论[M]. 南京：南京师范大学出版社，2013.

第三章 中小学美术教学的要素

续表

年龄	心理学分期	[法]J.G.H 吕凯	[英]H 里德	[美]V 罗恩菲德	[中国台湾] 赵云	常锐伦	屠美如	王大根
10				理智之萌芽（9—11）	客观观察及描摹（9—11）	萌生写实期（9—11）		陈述的写实期（9—11）
11			抑制阶段（11—14）艺术的复活	拟似写实阶段（推理的阶段）（11—13）	潜伏或转移时期（11—14）	推理写实期（11—13）		分化的写实期（11—13）
12		（视觉的）视的写实阶段						写实期
13	少年期（11/12—14/15）（学龄中期）			决定时期（创造活动中的青春期危机）(13—17)		仿成人写实期（13—15）		视觉的写实期（13—15）
14								
15								
16	青年初期		青少年早期					理性期
17								
资料来源	朱智贤《儿童心理学》	《中国美术教育》1990(5) 1991(5)	《通过艺术的教育》中引用 C. But 的分期	《创造与心智的成长》	《儿童绘画与心智发展》	《中国美术教育》1990(5)	《中国美术教育》1991(5)	王大根《学校美术教育目的论》

表 3-2 儿童绘画—言语发展相关性一览表 ①

年龄	心理学分期	言语和心理发展特点	绘画发展分期	绘画（美术）发展特点
2 3	婴儿期 （1—3） （先学前期）	1. 爱听故事和成人说话 2. 词汇量增加 3. 表达能力发展	涂鸦期（1.5—3）	无意识的涂画 有控制的涂画
4 5 6	幼儿期 （3—6/7） （学前期）	1. 词汇量增加 2. "造词现象" 3. 看图说话才能连贯 4. "自我中心言语" 5. 最初书面语言需要 6. 对言语的积极态度	符号期 （3—9） 特点： 1. 概念化造型 2. 童话式幻想 3. 各种荒诞现象 4. 重过程轻结果 5. 天性喜爱美术	"词"的符号期（3—5） 1. 画简单的形象并命名 2. 形象之间无联系 3. 不注意色彩的使用
				"句"的符号期（5—7） 1. 造型稍复杂，仍概念化 2. 形象同有联系，有陈述性 3. 作画过程中有自言自语 4. 使用主观色彩
7 8 9		1. 开始学习语文课 2. 独白言语发展 3. 书面语开始占优势 4. 写作能力迅速发展 5. 内部言语迅速发展		陈述的符号期（7—9） 1. 造型较完整，陈述性强 2. 画中写实说明 3. "透明画" 空间表达 4. 色彩灿烂、强烈
10 11	儿童期 （6/7—11/12） （学龄初期）		写实期 （9—15） 1. 造型从符号性转向写实性 2. 对美术的兴趣开始分化 3. 出现 "青少年危机" 超越	陈述的写实期（9—11） 1. 从记忆想象转向现实 2. 画面饱满，造型渐成熟 3. 追求厚度，"透明画"消失 4. 追求客观色彩

① 王大根．中小学美术教学论[M]．南京：南京师范大学出版社．2013．

第三章 中小学美术教学的要素

续表

年龄	心理学分期	言语和心理发展特点	绘画发展分期	绘画（美术）发展特点
12	少年期（11/12—14/15）（学龄中期）	1. 言语水平全面发展 2. 积极参与文学创作 3. 审美观逐渐形成 4. 主体意识开始形成 5. 兴趣分化 6. "气质掩盖现象"	分化的写实期（11—13）	1. 能体会画中的审美因素 2. 好奇的学生作品更成熟 3. 喜爱临摹手工、设计、欣赏等的作品 4. 用美术表露气质、情绪 5. 用美术作品寄托深层情思 6. 客观色彩的丰富变化 7. 主观感情色彩的需要
13				
14			视觉的写实期（13—15）	
15	青年初期（15—18）	1. 言语进入成熟水平 2. 心理、个性全面成熟 3. 知识结构日益广博 4. 精力充沛、兴趣广泛 5. 审美态度更成熟 6. 进入理性阶段	理性期（15—18） 特点： 1. 兴趣定型 2. 自觉学用美术 3. 理性观照美术	1. 对热爱美术者进行专业化美术训练 2. 美术作品欣赏、评论，美术史学习 3. 不同材料的制作 4. 平面装饰设计、机能、工业设计 5. 自然色彩的分析，色彩的心理意义
16				
17				
18				

73

过程中种种令人困惑的现象,对于认识儿童绘画发展的规律、指导不同年龄学生的美术教学等方面都提供了重要的理论根据。

儿童的心理具有形象性和无意性特点。儿童的发展一方面有赖于广泛接触自然和生活,积累丰富的知觉表象和经验;另一方面需要儿童自主地活动,从中发现、体验、创造和成长。儿童在美术活动中不仅发展了绘画能力,同时也在观察、体验和创造。他们把形象当作言语符号,把画画当作言语表达,用画表达他们的所见所闻、所想所爱。在此,绘画显然具有与作文同样的言语功能和创作过程,所以对作文成绩影响最显著。同时,绘画作为一种自主创造行为又促进了智商、审美、思维乃至各种个性品质的全面发展。

(三)儿童绘画发展阶段

1. 涂鸦期(1.5~3岁)

一般婴儿在15个月左右开始无意识涂画,较少受视觉的控制,主要是肩、肘关节的重复动作,属生长发育过程中一种本能的动觉反应。大多是些乱线、直线或波形线。

2岁左右,婴儿进入有控制的涂画阶段,随着知—动(视觉—动作)协调性的逐步发展,婴儿能渐渐控制手的动作,从而在纸上画出圆形线和其他不同形态的线条和形状。圆形线在儿童绘画中经常出现并有重要的地位,是以后许多造型的基础。

对于从1岁半至3岁(或至4岁)这一阶段,国内外学者较一致地称之为涂鸦期。

2. 符号期(3~9岁)

这是儿童绘画发展、变化较大,也是研究者分歧最大、问题最多的阶段。儿童创造的图形符号犹如原始人的象形文字,具有书面语言的性质和象征性、符号化的特点,是儿童重要的言语表达方式,故命名为"符号期",其中又可分为以下三个小阶段:

(1) 词的符号期(3~5岁)

3岁儿童能控制手的小肌肉群运动,开始产生表现物象的意识。与"造词现象"相关,初期,幼儿会自发地在简单的形状上加若干辅助线,但形象极其简单,甚至看不出眉目。但由于幼儿能对所画的形状说出名称或赋予意义,与无意识涂鸦有了本质的区别。后期,幼儿能画出组合的形状,开始有意识地表示某种物体,即先说出要画什么东西然后去画,或边画边说,不太注意颜色的使用,比如:苹果、气球、碗、太阳……形象散乱、拼凑,相互间毫无联系,互不遮挡,只有"词"的意义,这与此时儿童言语不能连贯有关,故称为"词的符号期"。3岁左右的孩子开始用线条描画故事中的形象了,表达自己的幻想,反过来促进他们画更多线条。他们会将这些线条或图形与看似无关的、来自真实生活事件或童话故事中的片断联系起来。

4岁后,儿童绘画中的故事内容增加,题材范围扩大,绘画表达能力进一步发展,若能提供多种材料,就能画出丰富多彩的儿童画。

(2) 句的符号期(5~7岁)

5岁左右的儿童开始画自己心中喜欢的、稍复杂的事物,已能画出物体的主要特征,多用线造型,不注意事物之间的比例关系,通常他们将认为重要的事物画得特别大,如大头小身子、人大于房子等。图形简单,比例也不准确,常常缺这少那,或不断重复某一内容或形式。后期如作具体要求,他们能区别男女老少或事物的差别。5岁儿童开始有了最初的空间意识,出现了"地平线"(罗恩菲尔德称之为"基底线"),或使用多种形式来表达物体的空间和前后层次关系,使画面形成整体。此时儿童喜欢选择不同颜色的笔描绘不同事物,或在勾好的形象中涂不同的色彩,大多使用主观颜色。有时能表现简单的情节,想象丰富、形象夸张、表现大胆、充满情绪。

此时的画面略有陈述性,仅"只言片语",类似"句"的意义。"陈述"的特点主要体现在作画时的"自我中心言语"之中:模拟各种声音、叙述画中的故事、自问自答等。

因为幼儿的独白能力尚不发达，叙述复杂事件时需要具体形象的支持（看图说话），而幼儿绘画正是为自己的言语表达提供的形象支持。朱智贤（心理学家、教育家，中国现代心理学的奠基人之一）认为，到了学前晚期就有可能初步掌握一些最简单的书面语言，如写一些汉语拼音字母或简单汉字等。但幼儿并不能以此表达言语，属于"被动词汇"。幼儿真正意义的书面语言就是他们的绘画，犹如人类早期都是首先使用象形文字一样，幼儿与低年级小学生正处于"书画同源"之时。

（3）陈述的符号期（7～9岁）

7～9岁的儿童画仍然有概念化的倾向，重复地画着所喜爱的事物，但在形象特征上已比较完整，比例大体正确，还能画出某些细节，能较好地区别男女、老少和人物特征。在空间表达方面，会出现直接在房子中画家具、汽车中画人物的"透明画"现象。画面的颜色更加鲜艳、丰富，绘画表现力更强。9岁左右的儿童，开始发现并追求客观色彩的丰富性和复杂性。此时儿童具有典型的"童话式幻想心理"，使得此时儿童的记忆画、想象画最具特点，能体现较明显的情节性或完整的事件或场面，有很强的陈述性，故称之为"陈述的符号期"。虽然他们已学习语文课，却尚无足够的表达能力，"对言语的积极态度"仍保留在绘画之中。爱在画上写字说明也是陈述性特点的反映。

5～9岁是儿童画的典型时期，然而学者们对于此阶段称谓的分歧最大，曾经出现过"演化期""容易说""粗心说""能力缺憾说""唯理智说"等等。

（4）关于儿童画的若干问题

①荒诞性现象

儿童画中会出现种种荒诞可笑的现象，具体可概括为以下六个方面：

a. 构思的荒诞性。即画面上表现出不合逻辑的情景或事物，如挂在月亮上的秋千，同一棵树上结出各式各样的水果，等等。

b. 构图的荒诞性。儿童不懂得在一个画面中表现一个主题,常循着联想把毫不相干的事物并置于一纸,如在一条鱼旁添上一辆汽车或者一棵树等,想到什么就画什么。

c. 造型的荒诞性。即与客观对象不相符、不合比例、缺这少那的造型等,而且即使他们已经认识到不对,还是那样画。美国H. 加登纳教授6岁的女儿凯伊在画人时将手臂从腰间伸出,经加登纳启发后,她改画成从肩部长出。然而,当她再画另一个人时,又让手臂从腰间伸出,并说"我知道这和你说的方法不一样,但我喜欢这么画"。

d. 色彩的荒诞性。此时儿童不按客观现实的颜色,而是依自己的气质、兴趣和情绪想当然地使用色彩,色彩具有主观性、任意性、装饰性等特点。

e. 空间的荒诞性。可表现为几种情况:透明空间,如在房子里直接画上人和家具,在小猫肚子里画一条鱼等;鸟瞰式空间,像小鸟彩视角丰富、变化和客观性一样,在空中向下俯视地面的一切,把围成一圈的人画成放射状的,把足球场画成平面的,等等;多维时空,即将平视、俯视与想象及空间与时间都综合在一起,等等。

f. 设计的荒诞性。儿童的设计也具有主观性、随意性和幻想性,常会出现只顾造型不顾功能、只顾想象功能而不顾造型等现象。其中空间、设计上的荒诞性将一直延续到初中阶段。

②儿童画与大师的作品

儿童画具有独特的"艺术魅力",也被认为是儿童的"创造力",深受艺术家的青睐,甚至有人把儿童画与艺术大师的作品相提并论。事实上,所谓"艺术魅力""创造力"大多指上述"荒诞现象",是儿童无知的表现,儿童画与艺术大师的作品之间有着本质区别。简言之,儿童画中的"艺术魅力"是其心理水平所限,作者本人却意识不到,是"天赋支配着他们,而不是他们支配他们的天赋"。加登纳博士曾解释道:"成人艺术家是故意忘掉自己能画出的复杂形式,忘掉能传达的多种情绪,而有意识地、蓄意地把握那种常与儿童相联系的形式与感觉。我们对其作品的赞赏之处,在于他能够压抑自己之所知,并获得一种新鲜的简单性。"加登纳又指出:"低年级小学生艺术的繁茂阶段是真实的、强有力的,但它正像植物,是有季节性的……到了儿童一开始上学时,它便烟消云散了……因为当处于儿童中期阶段时,个体便被对现实主义的和确切的真的追求所迷惑了。"儿童会随年龄和知识的增长,认识到儿童画中的不合理性而放弃这种表现方式。

③"重过程而轻结果"的现象

儿童作画十分专注,但对画好的作品却随手乱扔。因为儿童把绘画看作一种言语过程,画中之人只是"人"的符号,犹如写个"人"字一样,未必指特定的某人,无所谓美不美、像不像。画完后,记录言语过程的图画也就无意义了,此时儿童尚未意识到图画的审美价值。

④儿童"画其所知"而不是"画其所见"

如写生画一盘香蕉,儿童只能意识到是画香蕉而不是其他水果,并不在乎其形状、位置与眼前的香蕉相一致,结果或多或少,组合关系也不对。然而从言语的意义上说,他正是用香蕉的符号表达了对象。美国美术教育家艾斯纳曾说过:"儿童不完全画其所知,亦不完全画其所见,有时还画其想象与感情。"

⑤"小学生天性喜欢美术"

由于对言语的积极态度(朱智贤语),致使此时儿童普遍地对其书面语言形式——绘画——抱有积极、主动的热情,且容易画出相当好的效果,这是其他年龄阶段都不具备的儿童画优势时期。

3. 写实期(9~15岁)

(1)陈述的写实期(9~11岁,3~5年级)

这个时期的儿童开始对写实的作品感兴趣,羡慕成人的作品,对儿童画表现出不满意,从而作品中那些大胆、泼辣、感人的童趣开始减弱。慢慢从记忆、想象转向对客观现实的描绘,具有现实主义倾向,但仍包含相当多的陈述性因素。在造型方面,开始脱离符号化而出现写实性的线条,追求具体细节的描绘,画面构图饱满和谐。空间表达方面有了较大的进步,开始意识到透明画的空间表达方式与现实不符而逐渐弃之不用,产生了深度知觉,开始采用三维轮廓线、相互遮挡的方法或者使用"地平面"处理物体厚度或前后空间关系。有近大远小的意识,但仍常有反透视、错误透视的表现法,仍属于主观象征性的空间表达。色彩表达能力迅速发展,更熟练也更自觉,总把画面涂得很充分,具有装饰性,开始使用调色或蜡笔的重叠,追求色彩的丰富性、变化性和客观性。

马丘卡(Machotka)的研究表明,直到11岁,儿童对画的情绪还是建立在一种个人关系之上的,到了12岁,才对画建立起一种自身以外的情绪关系,也就是说,对整个画的气氛和特性建立一种情绪关系。马丘卡把这种变化与自我中心主义的衰减联系起来。"自我中心主义"(egocentrism)是指主体与外部世界尚未明显分化开来的状态。自我中心主义衰减,主体意识才发展起来,才开始把绘画当成独立的客体来创造、欣赏。

(2)分化的写实期(11~13岁,5~7年级)

这个时期的学生的审美意识逐渐形成,尤其女生会很好地体会到一幅画中的情绪、气氛和形式因素,对写实性作品更感兴趣。一部分"天才"学生在造型、构图、色彩、表现力等方面都日趋成熟,对美术的兴趣日益增强,主动进行课外练习和创作。这是一个转折时期,他们绘画的题材从陈述事物转变为刻画具体的对象,表现手法从二维形象转向追求三维的视觉真实,主观上希望描绘得更逼真而客观技能跟不上的矛盾日益突出,进步困难。画面拘谨,构图小气,造型呆板且越画越小,画面用尺或用橡皮修改的痕迹随处可见,画面失去了原有的活力和生气,从而产生焦虑情绪并渐渐失去了绘画的信心。处于两极之间的学生则或对某些绘画(如风景写生、山水画临摹等)较感兴趣,或对某些美术活动(如美术欣赏、设计、工艺等)仍抱有兴趣,即对美术活动的兴趣出现分化。

美国美术教育家罗恩菲尔德认为,儿童到12岁之后会分化为视觉型和触觉型。所谓视觉型,是观察者能以比较理性、客观的态度去观察和再现物象,作品比较写实。而触觉型则比较主观,多注重表现由事物所引发的自我情感,对于画面形象的主次、大小、比例、色彩等关系的把握全取决于个人的兴趣。心理学也认为这一阶段是少年兴趣的分化期,也是美术教育的危机阶段。对于绘画能力不足的学生来说,"这一阶段标志着他们美术发展的结束。当要求成人画画时,我们常发现他们的画是非常典型的十二岁儿童画"。

关于美术教育的"青少年危机",至今未有令人满意的解释。艺术教育专家屠美如等推测:"可能由于教育的不重视,读、写、算的压力和儿童开始建立起客观评价标准,因而对自己绘画能力丧失信心。"但在学习负担不重的国外的儿童也未能幸免,加登纳博士也发现:"儿童早期的成长易于进行,但至少在美国,天才儿童经常在青少年时期遭遇到许多困难,而我们叫'青少年危机',它使许多青少年想要停止实践,我们不清楚这个危机的原因。"这一阶段已成为世界公认的美术教育困难期。

"青少年危机"的原因是复杂的,如审美观逐渐形成,知识面的扩大,逻辑思维能力的提高,童话式幻想转向理性想象和科学的幻想,兴趣的分化,自我意识进一步发展等。从言语发展角度看,这两种截然相反的态度却出自同一原因:此时学生书面语言水平已大大超过口头言语水平,写作足以表达他们的思想、情感和意见,且相比儿童画中的陈述功能要丰富和深刻得多;作为言语功能的绘画已暂时失去意义,他们开始把绘画看作审美对象,只是前者有兴趣进行创作,而后者只爱观赏而不愿意再实践罢了。

称为"分化的写实期"的原因是:第一,儿童兴趣开始分化;第二,开始把绘画与主体相分离而当成独立的客体来对待;第三,把绘画与言语功能分离而当作独立审美对象来对待。

(3)视觉的写实期(13～15岁,7～9年级)

这是初中学生的年龄段,开始步入青春期,知识、阅历、生理、心理等方面都更成熟,活泼、好动、精力旺盛,对艺术抱有极大的热情。他们觉得自己已经长大,不喜欢幼稚的儿童画了,更关心美术作品的美感,偏爱表现力强、较复杂和逼真的作品,喜欢临摹成人的作品、卡通画等,或愿意画一些自己喜爱的事物。可他们缺少造型知识、透视知识和表现技能,因此不敢画没有实物参考的想象画、大场面或有人物的自由画。儿童时期那种天真、大胆、无所顾忌的天趣逐渐消失。一些绘画能力不足的学生渐渐落伍,丧失了信心。不少感觉好、有绘画天赋的学生已能画出非常出色的人物速写、静物素描、风景画等作品,两极之间的距离越来越大。初中生处于多梦、憧憬的阶段,思维、想象特别活跃,也关心社会上的各种大事,愿意采取超现实主义手法,将各种事物超时空地组合起来,或通过多种手段和渠道表现他们的想法。

也有些学生能认真完成美术作业,却并非从内心喜爱美术,他们把美术当成一种知识或技能来学。初中生开始能体会到某些抽象美术作品、三大构成作品中特殊的美感,意识到美未必仅仅存在于写实性的作品中,比较喜欢手工、欣赏、设计、纸版画等非写实性的课业。总之,初中生对于美术的态度变得复杂起来。

4. 理性期(15～18岁)

学生此时已进入青年初期。高中生在身心发展各个方面都已进入成熟时期,他们的思维正向理论型、辩证逻辑型发展,言语发展相当完美,充满理想和憧憬,主体意识正在确立,个性品质等方面都达到相当的水平,兴趣广泛,对艺术特别爱好。因此,我国的《普通高中美术课程标准》为了满足学生多方面发展的需求,设置了以下内容系列:美术鉴赏、绘画、雕塑、设计、工艺、书法、篆刻、现代媒体艺术,供学生自主选择。

有志于从事美术工作的学生可以选择专业化系统的美术学习。学校可以为高中生提供服装设计、各种小制作、雕塑、装饰画、计算机设计等选修课,让他们参与设计、创作和交流;高中生也乐于参观美术作品展,听美术欣赏、美术评论等讲座,他们已经可以从形式、内容到作品深层意蕴等层次去体验、欣赏、理解不同流派、不同种类和不同表现形式的美术作品,形成真正的审美体验和艺术鉴赏,实现深刻的言语交流。罗恩菲尔德指出:"高中生不再囿于具体操作;喜欢有机会从事抽象思维。他的协调和精力这类巨大的进步能在其艺术作品中看见。但有时这些技巧被错误地引导,学生可能模仿和摹画他们认为伟大的艺术品,他的鉴别能力可能达到顶峰,尽管各人差异很大,但可能这是研究审美问题的最好年龄。"

三、美术学生的成长过程

(一)学生成长的概念、表现与其主要影响因素

学生成长是指个体在学生生涯阶段中身心上的持续的规律的变化过程,特别是学生的身心向积极方向的变化的过程。

学生成长是在先天和后天的双重条件下不断发展的,这主要体现在三点:一是活动不断向复杂、抽象发展。随着学生的成长,其心理活动和情感越来越复杂、越来越抽象概括。二是意志活动不断增加。学生慢慢从接受外界影响逐渐形成自我的判断。在美术教育中,学生绘画表达逐渐倾向于理性以及自己对绘画的理解。三是逐渐形成独立的个性。当意志活动增强时,也伴随着学生人格的独立,确立了自身的主体性地位。

学生成长主要受到遗传素质、社会环境、学校教育以及学生主观能动性等方面的影响。遗传是学生成长的自然因素,也是学生成长的基本前提。学生的先天禀赋常常为学生未来的成长提供了优势。

社会环境和学校教育对学生的影响常常是具有决定性的。社会环境的复杂性往往锻炼了学生的适应力、理解力,它提供的

很多潜在的复杂性，往往是无法用简单的描述去表达的。而学校教育在特定的环境中强化了学生的知识能力的学习，使得学生避免消极的环境因素并在积极的情境下成长。但是学校环境本身也受社会环境的影响，学校和社会环境的关系本身也相互影响，如果学校教育适应社会发展，则利于学生成长，反之，则影响学生社会能力的获得。

人的主观能动性也是影响学生成长的重要因素。如果其他条件具备，而缺乏学生主体的能动力量的激发，往往也难以成功。在生活中，动力与障碍常常是一样的事物，如果能够积极发挥主观能动性，则对于个人的成长发展带来的效果是非常巨大的。

(二)学生成长的根本动因

学生成长有其内因与外因，其根本动力是其内部矛盾，但是对于这个最根本的内部矛盾，学界多认为是社会和教育对学生提出的要求所引起的学生新的需要与学生已有的心理水平之间的矛盾。

学生成长直接的影响是社会、家庭对他的成长要求，包括各种学习、生活的具体任务。这些任务的完成将通过其他的满足获得补偿。当学生慢慢领悟到学习以及自己行为的社会意义，并形成自己的人生观、价值观，那么在学生的人生追求中，就会不断由简单的生理需求朝更高的实现自我的需求发展，这时候的动力就由被动接受转化为主动追求了。

(三)学生成长的一般规律及其困境

1. 学生成长的一般规律

(1)学生成长不平衡性

学生成长的不平衡主要指学生生理和心理发展的不平衡，往往生理成熟早于心理成熟。随着社会交流途径的丰富以及不断出现的社会问题，都使得现代学生的身心协调变得更为复杂。因此,这也导致所谓"童年的消逝"的危机,同时,成人自身的不稳定感也增强了。美术教育不仅能够明确反映出学生心理的发展,同时,还需要积极发挥美术中的情感价值,促进学生身心的和谐发展。

(2)学生成长的顺序性与阶段性

学生成长是随着学生的身心发展而出现其顺序性的。同时,学生的身体、心智、认知都会形成相对比较稳定的一个时期,而体现出较为明显的阶段性。在美术教育中,不同的学生阶段在美术表达中都具有典型的表现特征,这也是学生身心较为直接的反映。

(3)学生成长的个别差异性

由于内在与外在多方面因素的影响,学生成长也必然出现个别差异性。但是不能因此就断定一个学生的发展状况,教育与个人成长是一个非常复杂辩证的关系,应当做到因势利导、因材施教,才有可能将教育、社会环境以及学生个体引向理想的趋向发展。

2. 学生成长的困境

(1)多元价值选择的困惑

世界的丰富本来是一件好事,但是,社会发展的加速度常常让人不能迅速控制人自身带来的变化。"多则黯,寡则明",在众多的价值中,如何探索到适应于个人、适应于社会的价值观与行动准则是整个社会都需要不断考虑的问题。美术教育提倡多元,但是美术教育本身也具有完整的价值体系,这个价值体系既多元也具有统整性。任何多元都有其发展的脉络,而这些脉络的联系就让多元的面貌变得完全可以分析、理解,也就可以通过美术教育,探索多元本身的内在的联系与完整性。这对于学生理解纷繁的世界具有非常重要的意义。

(2)"成人感"的产生

学生在青少年时期会形成"成人"的意欲。当这种新的交往关系形成以后,常常与教师家长对他们的态度发生矛盾。因此,要注意到学生的心理特点,给予他们相对的独立性,有利于学生的身心健康。

(3)对传统价值的怀疑

这与学生逐渐形成的思维能力息息相关,当他们开始独立判断的时候,家长、教师往往是他们首先审视的对象,但是,他们尚无法理解家长、教师社会角色赋予的任务。因此,他们怀疑的态度常常延伸到一切传统的价值内容。当然,他们也是在不断的怀疑与求证中成长、成熟的。在美术教育中,这种独立、批判的精神与思维常常得到夸大与鼓励,因此,美术教师应当在教育的整体情境中理解创新、个性、批判性等问题,让学生形成历史的、整体的审美态度。

(4)交流障碍导致的困境

尤其青少年时期,其身心发展的迅速使得学生自己也无法适应,种种变化、矛盾,使得学生变得脆弱、怀疑、警惕,这给他们与成人的交流带来了很大障碍。因此,此时的家长、教师需要多了解他们的心理,进行有效的沟通,以防止他们受到不良因素的影响,并且要充分利用美术教育的语言功能,通过美术实现情感的表达与沟通。

(5)超强度学习与考试文化带来的压力

由于社会不稳定因素增强以及社会压力的变化,学生或多或少感到心理上的压力,而这种压力通过家长、教师、社会等各种渠道传达学习、考试对个人未来的决定性意义。但是超强度学习与考试文化摧毁的是学生的身心健康。从长远来看,孤立的知识获取反而削弱了学生的社会适应的能力,而且也并不能提高知识的应用率。美术教育在这样的心理状态下,不仅可以适当地缓解学生压力,提供其宣泄的途径,起到较好地调节学生身心的功能,还能够通过美术学习,实现学科的沟通,提高学生的学习效率等。

第二节　美术教学中的教师

一、现代美术教育对教师的要求

现代美术教师应具有高尚的思想境界,精深的美术知识与技能,深厚的教育教学能力,卓越的科研创新能力四项基本素养。在教育情境中认知"教师"是非常重要的。而理解教师应该是一个"完整的人",则需要长期的实践、学习与思考,需要加上真诚地热爱这个职业才能获得感悟,并得到些许心得。

(一)高尚的思想境界

真正合格的教师总是把自己的精神世界拿来作为教育的资源,作为长期支撑自己坚守教育阵地的核心力量。现代社会的发展导致人们利用机器媒体储存知识和记忆,依靠机械设备来实现需求。故而商品性和机械性反过来压抑人性并剥夺人自身话语权。人的价值逐渐被用商品价值和工具价值来衡量。教师则长期以来都是把"物质"转化为文明的思考者,是精神文明的传播者,是人类精神家园的守望者。故而其自身必须具备高尚的精神境界和健康的人格。

具备高尚的精神境界与健康的人格要求我们的教师,具有正确的思想观念,具有对世界与民族文化的包容心,有对现代生活积极的态度,热爱教育事业,热爱学生,有崇高的艺术信仰和健康的价值观念,奋发向上,愉快幽默,意志坚定,自我控制力强等。

1. 爱心

人文教育的核心即要传达普世的关爱之心,人文教育的一个理想境界也就是陶行知所言的"爱满天下"。爱心其实与很多相近的人格情感相关联,如有爱心的老师必然有仁爱、体谅、宽容等人格特征,具有爱心的教师能够获得学生的尊重、喜爱,就会对学生形成吸引力,并能够成为学生的人格典范。这些皆是教师最基本的人格需求,同时,也是最高的人格需求。

2. 热情

与普通有爱心的人不同,教师不但要有爱心,还需要将爱心通过不同途径展现出来,给学生以触动和激励。这往往就体现在老师对同学的热情的态度上。而热情本身还有更多的积极意义,如可以帮助学生确立信心,让学生对学习产生更为持久的兴趣等。有热情的教师往往对学生有更大的感染力。如果一个教师具备很好的知识储备,其他素质也很好,但是缺乏对教学以及对学生的热情,教学的效果将会大受影响。

3. 认真负责

做任何事情,光有热情是不够的,还需要认真负责的态度,才能够做好。

教育是很具体的,通过教师的每一言行来实现,只有"尽精微"才可能"致广大"。《中庸》中说,在学习上,别人学一次就会了,我如果不会,我就学一百次;别人学十次会的,我不会,我就学一千次。一个人如果真能做到这样,笨蛋也会变聪明,柔弱的人也会变刚强("人一能之,己百之;人十能之,己千之。果能此道矣,虽愚必明,虽柔必强。"),这就是认真,这就是对教师人格的要求,也是对学生学习的要求。认真负责,本身就应当是一个教师为学生师范的品格。

4. 幽默

幽默在教学中常常起到出乎意料的效果,它可以吸引学生的学习兴趣,化解教学上出现的矛盾,还能够帮助学生领悟问题,学生普遍喜欢有幽默感的老师。学习乃至人生都有其沉闷严肃之处,幽默可以将心底的压抑借机宣泄,但是这种宣泄乃是一种智慧的宣泄,是将事物超越于本身,形成一种艺术化的、出人意料的联系。因此,幽默的本身还体现出了豁达与超脱的人生态度。若无这样的胸怀,就容易拘泥于事,而无法体现达到对事物"大而化之"的幽默解读。

由于幽默本身能极大地调动学生的情绪,因而常常让学生对所学内容印象深刻,其中的智慧豁达也会感染学生,使得学生在愉悦与智慧中的氛围中学到知识。幽默在对严肃的化解中增进教师和学生的情感,师生间的紧张、对立的情绪也在幽默中烟消云散。

5. 信任

教师的知识、经验、教学水平,都可能保证教师具有可信性,但更重要的是教师的行为。论语中说:"其身正,不令而行,其身不正,虽令不从。"教师获得学生的信任,要以身作则。教师能够诚实公正地对待学生,正确对待学生对自己的看法,才会让学生获得信任感。信任感是教师人格的外在体现,能够在无形中形成对学生人格的影响。

6. 人际沟通与交往能力

良好的沟通与交往能力是教学是否能够有效传达的基本能力。而教师的沟通和交往不仅仅限于学生,教师还需要与同事、同行、家长、学校领导以及社会其他人员沟通,才能够更好地完成自己的教学与教研。因此,教师的人际交往能力能够形成良好的职业环境,运用各种资源促进自己职业水准的提升。

作为美术教师,要有开放的心态,真诚的态度,并能够从对方的角度进行思考。这样的交往与沟通,既能够分享知识与智慧,更有益于情感的交流。因此,有了交往的意愿,还需要不断丰富自己交往与沟通的技巧与能力。当然,持续良好的交往状态的决定因素不仅仅是技巧,还是真诚、关爱、相互信任等人格因素的综

第三章　中小学美术教学的要素

合体现。

7. 表达清晰

表达清晰有两个前提，一个是教师的声音条件，另一个是教师表达的内容组织能力，如条理性、逻辑性等。具有良好的普通话水平，声音清晰洪亮对教师教学内容的传递具有良好的辅助功能。但是，还需要教师对教学内容有系统的控制能力，能够通过各种教学手段，将自己要传达的内容表现出来。

8. 适应性和灵活性

课堂本身是变化丰富的，教师在教学中，需要随时面对课堂正在发生的事情，如学生的理解和接受程度、课堂环境的变化、教学中的问题等，并要在几秒钟时间内确定帮助自己达到既定目标的替代方法，选择一种实施。因此，具有较强的适应性和灵活性，是教师能够有效控制课堂的重要能力。适应性和灵活性可以体现在教学情境中，对教学计划适时调整，将教学不断引向深入，实现教学目标。

(二) 精深的美术知识与技能

美术教师应该具有丰厚的美术文化知识储备并具有丰富的美术创作能力。

美术文化知识包括世界美术史的知识，地域美术文化知识，美术理论基础，美术材料学知识，美术批评的知识以及美术发展观。美术创作技能则指力所能及的多元美术实践技能。

美术文化知识和美术技能的建立应立足于美术文化发展的观念之上，应具有开阔的视野和不断创新的理念。学习并掌握这些知识与技能则需要长期的研读与思考哲学、美学、历史、地理、宗教、社会学、人类学、现代科学等相关的文化知识，并刻苦地实践与钻研美术技巧。

(三)深厚的教育教学能力

现代美术教育要求教师是具有多元文化智能结构的综合性人才。美术教师的智能结构由学科知识、综合文化、教育教学能力、艺术创造能力等诸多方面组成。教师的教育教学能力是其重要的能力之一,它包含以下四个部分:一是美术课堂教学能力;二是教育教学的管理能力;三是社会活动的组织能力;四是教育教学科研能力;四种能力相互制约、相互渗透。美术教师应该懂得如何备课、钻研教材、确定教学目标、设计课程、科学地编排教学时空、合理地实施教学的步骤、写出完整的教学详案、熟练地驾驭每一节美术课堂等。

现代美术教师还应深刻地认识到:美术教育能力与美术创作的能力并没有完全的依附关系,而是有各自的基础以及素质侧重。美术教育能力主要侧重美术教师应具有的教育教学能力,其中包括美术教育理论知识的储备、美术教学方法的掌握、美术教学应变能力、美术教学组织管理能力、教师口语能力、教育法规的认知、教学各个环节的掌握能力、教学科研能力等。美术创作能力则包括美术技能的掌握、美术表现能力、美术理论的储备、美术创造能力等。美术教育能力中也需要具有一定的美术创作能力,美术创作实践经验将直接影响教师在美术技能教学中的深入讲解与对效果的判断。但片面地夸大美术创作的能力则影响美术教师其他能力的提高,从而直接制约美术教师教育能力的全面发展。艾斯纳在美术教师的综合素养中指出,美术教师应具有美术教育教学技能和一定的美术能力。而在美术教师的美术能力结构中包括美术史、美术批评、美术创作、美学四项,这四项各占其美术能力的25%,不能任意地改变其比例。

实践证明,一个合格的美术老师所拥有的美术教育能力与素养远远超过做一名单纯的美术创作者的综合素养。

(四)卓越的科研创新能力

现代美术教师必须有持续发展的意识和能力,有勇于实验教学、不懈进行艺术创作的精神和能力。

美术教师大多数理论能力稍欠于实践能力,很多教师教学实践依靠经验和惯性,欠缺理论研究的积极性和主动性,阻碍了自身的全面发展。理论总结是思维展开思辨问题与现象的最佳途径。积极地探索与认真地总结教学中出现的问题,取得的成绩以及经验教训,才能真正地提高自己的认知水平,提高自己的行动力。

提高教学科研能力,要善于发现问题,学会思考、分析与总结;要坚持不懈地尝试新的方法,大量阅读文化、艺术以及教育理论文献;要勇于怀疑,不盲从权威,不惧怕失败,持之以恒地坚持探索。实践教学研究应该从写教育论文入手,进而形成自己的研究方向、研究体系,实现教育研究的深入与展开。大多数的教师工作于教学第一线,有大量的实践经验和第一手的教学资料和成果。只要勤于记录教学过程中的点点滴滴,总结得失,及时发现问题,解决问题,设立研究目标,进行论证和探索并积极交流,一定会取得丰厚的科研成果。

教师教学研究的根本意义在于系统地反思自身的实践并从自身的经验中学到知识——验证自身的判断、不断作出正确的选择;征求他人的建议以改进自身的实践;参与教育研究,丰富学识,完善和丰富教学理论,并使得理论的研究反作用于教育实践,推动教育改革,从而使教师的终生学习产生价值和意义,并最终推动美术教育的发展与振兴。

二、美术教师的基本职责

(一)认真实施教学计划

教师是教学的策划者和组织者。教师要进行教学,必须要对所任教的课程有一个详尽的计划,也就是教学计划。教学计划是对所要进行的课堂教学整体把握和分段实施的一个提前安排和预计,对所要进行的教学工作进行梳理策划,是组织教学过程、安排教学任务的主要依据。教学计划是顺利进行教学的保证。教师可以根据美术课程的要求制订学期教学计划、单元(课题)教学计划和课时计划。

1. 制订学期教学计划

学期教学计划是教师对一个学期教学工作总的计划,一般在学期开始前制订出来。其内容包括:

(1)对教材的分析。在学期开始前,教师要认真研究教材,写出教材的主要内容有哪些章节,有几个单元;哪些是教材的重点、难点;本学期的教学任务是什么,目标是什么;采取什么教学方法,准备哪些教学设备,以及针对教学目标安排哪些教学活动等等。

(2)对学生的分析。学生是教师进行教学的主要对象。教学计划要依据学生的具体情况而定。教师要了解所教班级的学生情况,包括学生的美术水平、对美术课的兴趣态度以及平时的表现等等。

(3)制订教学进度表。教师要根据对教材和学生的分析,对照学期的总长度安排具体的课时。在安排过程中,要把各种规定放假的节假日、学校组织的考试及重大活动考虑在内。

2. 制订单元(课题)计划

单元(课题)计划是以某一联系紧密的教学内容为单位而制订的教学计划。一个单元或课题由若干个课时组成。制订单元(课题)计划的内容包括单元名称、课题名称、教学目的、每一课时的教学任务、教学内容、课的类型、主要的教学方法等。

3. 制订课时计划

课时计划也称教案。课时计划的内容包括班级、学科名称、授课时间、教学内容、教学目标、重点、难点、教具、教学方法、板书设计、教学过程等等。

教学计划一旦制订完毕,教师就要认真地实施。然而,这并不意味着在教学过程中就不能改动计划。那种故步自封于原有的教学计划的做法,是不值得提倡的。教学是教师和学生相互作用的动态的过程,是一个不断生成问题和解决问题的循环上升的过程。教师应时时关注学生的表现、需求,根据学生的实际情况对原计划作相应的调整和修改。认真实施教学计划与灵活调整并不矛盾,只有敢于根据实际情况灵活调整,才能认真实施教学计划。

(二)对学生的健康成长负责

1. 美术教育在学生健康成长中的重要性

教学是培养人的活动,其对象是一个个完整的人,是德、智、体、美、劳全面发展的人。美国著名教育家杜威说:"我们所需要的是儿童以整个的身体和整个的心灵来到学校,并以更圆满发展的心灵和更健全的身体离开学校。"联合国卫生组织将"健康"定义为"不仅是没有身体缺陷和疾患,还要具有完整的生理和心理状态与良好的社会适应能力"。上海师范大学美术学院教授王大根在《美术教学论》一书中认为,美术活动有助于心理健康,这表现在:其一,在繁重的学习生活中,美术活动能放松紧张的情绪;其二,美术活动能直接抒发自己愉快、苦闷、烦恼等各种情绪,是一种心理宣泄的手段;其三,美术创作成功之后伴随的"高峰体验",是一种纯粹的愉悦,也是生命价值的体验;其四,美术作品的欣赏、讨论和美术活动都有利于沟通人际感情;其五,在美术活动中,能排解初中生因"气质掩盖"而产生的心理压力;其六,通过美术活动可以诊断或治疗心理疾病。[①] 这六点确实是美术教育在心理健康中所体现出来的特殊功能。那么,美术教师就应当运用这

---

① 孙乃树,程明太. 新编美术教学论[M]. 上海:华东师范大学出版社,2006.

些功能让每一个学生都健康成长。

2. 美术教师在学生成长中的重要性

在传统的美术教学中,美术教师的责任仅仅是为学生传授美术的基础知识和基本技能,忽视学生的心理健康教育。其实,作为一个美术教师,承担着比传授知识、技能更为重要的责任。

(1)培养学生的道德修养

美术教育必须按照国家规定的德育目标实施教育,发挥美术学科形象性、情感性的特点,使学生在学习美术过程中受到美的启迪。美术教育要动之以情,有机地融进德育之中。美术教育与德育的关系,正如鲁迅所说:"美术之目的,虽与德不尽符,然其力足以渊邃人之性情,崇高人之好尚,亦可以辅道德以为治。"美术教师应该有意识地选择有教育作用的美术作品进入课堂,如詹建俊的《狼牙山五壮士》、董希文的《开国大典》、潘鹤的《艰苦岁月》等油画作品,以及《秦始皇陵兵马俑》《北京故宫》《敦煌石窟》等关于我国古代文化遗产的美术作品。这些作品会使学生自然而然地受到爱国主义教育。

(2)培养学生的高尚情操

朱光潜在《谈美感教育》中说,美育就是情感教育。他认为,世界事物有真、善、美三种不同的价值,人类心理有知、情、意三种不同的活动。真,关于知;善,关于意;美,关于情。感情教育的目的,就是将善的、美的情感尽量发挥,把恶的、丑的情感逐渐淘汰。优秀的美术作品,会使学生在真善美的陶冶中形成高尚的情操。因为优秀的美术作品往往体现着作者对自然、对社会的评价和看法,传达着作者的思想和情感。学生欣赏美术作品,是感知和理解、情感与认识相统一的一种精神活动。例如中国山水画讲究"外师造化,中得心源",表现了艺术家对自然、宇宙的认识,而这种认识是融入艺术家的情感、理想和愿望的,是主客观统一的表达。学生在欣赏优秀的美术作品时,便会认识到自然的美,同时感受自然生命力的美感价值,从而逐渐形成高尚的情操。

(3) 促进学生的智能开发

英国学者彼德·罗赛尔在《大脑的功能与潜力》一书中指出：20世纪80年代，西方有些学校试行增加有关艺术课程的比例，取得了可喜的成果。在美国康涅狄格州的布赖恩市米德小学，孩子们用一半学时学习各种艺术课程，另一半学时上常规课程。结果，他们的数学、科学和其他科目的成绩都有着显著提高，几乎每门课的成绩都超过了全校平均水平。欧美其他的学校效仿这一做法，取得了同样的结果。他说："为发展右半球的功能所花费的额外时间，有助于左半球的发展。这是因为脑的两个半球不是单独地活动，而是互相支持和互相补充的。"[①]由此可见，美术教育是智育的重要组成部分，能有效地促进学生的智力发展。美术学科对学生眼、脑、手协调并用的训练，可使其观察能力的敏锐性、准确性得以提高；可使大脑的形象思维活跃，想象力更加丰富。因此，在培养学生的观察能力、形象记忆能力、形象思维能力、联想与想象能力、动手制作与造型能力、审美能力、设计与创作能力方面，美术教师具有其他学科教师更为重要的作用。

(4) 培养学生的顽强意志

艺术家在长期对艺术完美的追求中，形成了一种奋进精神与顽强意志。中国画画家对某一题材的表现，都是经过无数次的笔墨锤炼。李可染用一枚闲章"废画三千"以自勉；齐白石在85岁时写有"铁栅三间屋，笔如农器忙，砚田牛未歇，落日照东厢"的诗句；吴冠中去海南岛写生，在从广州归京的火车上，唯恐油色未干的作品受损而将其放在座椅上悉心照顾，自己却一直站到北京；塞尚、莫奈等许多艺术家，手拿画笔死在写生画架前……艺术大师们这种热爱事业和甘为事业献身的精神对学生有激励作用，可以此教育学生在学习生活中磨炼顽强的意志，经受竞争中的挫折与失败，树立坚韧不拔、吃苦耐劳的奋斗精神。

---

① 孙乃树，程明太. 新编美术教学论[M]. 上海：华东师范大学出版社，2006.

(5)缓解学生的学习压力

如今的学生面对升学的压力而过于紧张,这是不利于身心健康的。蔡元培在以《美术与科学的关系》为题的讲演中指出,缺乏美术教育,会抑制人的情感的发展,使人迂腐、僵化和缺乏创造性,更缺乏感情的活动。"防这种流弊,就要求知识以外兼养感情,就是治科学以外,兼治美术。有了美术的兴趣,不但觉得人生很有意义,很有价值;就是治科学的时候,也一定添了勇敢活泼的精神。"确实,美术活动具有自我放松、娱乐身心的功能。因此,美术教师应该通过美术活动缓解学生的精神压力,平衡学生的心理,从而使学生的身心得到健康的发展。

(三)引领学生欣赏艺术

1. 培养学生学习美术的兴趣

人类的美术史从几万年前的原始艺术到今天缤纷变幻的当代艺术,无数的艺术家用他们的精力和才智创造了无数的杰作。形成了丰富多样的风格和流派,这是人类文化无尽的宝藏和财富。美术教师的职责就是要把这笔财富传承下去,带领学生进入艺术殿堂,领受和感悟先辈的文化精神,并学习和开创新的艺术文化。这是一个很大的课题。如果美术教师能把每个学生带进艺术的殿堂,可以说美术教育也就成功了一大半。然而,这并不是一件容易的事情,总有一部分学生站在艺术大门之外进不去,其最大的障碍莫过于他们对艺术缺乏兴趣。因此,美术教育的关键是培养学生对美术产生兴趣。

实践证明,学生的兴趣不仅是促进其喜欢美术,而且是促进其智力发展和个性形成的重要途径。中外美术史上,许多著名的画家小时候都是从对美术有浓厚的兴趣开始的,然后经过长期的努力而成功的。兴趣可以触发人的好奇心并引起关注,从而去探索;兴趣可以培养人探求真理的欲望,即求知欲;兴趣可以激发人的情感,使其愉快地达到忘我境界;兴趣可以促进人的观察力、注意力、思维力、想象力、创造力等诸方面素质的发展。有学者认为：兴趣在种族进化、个体发展、人格塑造和人格关系中非常重要，它的意义无论怎样估计都不会过高。

2. 激发学生的求知欲

(1)从学习目标中激发求知欲

求知欲是促使人进行艺术活动的重要动机，也是使人通向成功的起点。格式塔心理学美学代表人物阿恩海姆曾说："一旦目标具有足够的吸引力，耐心就没有止境。"首先，教师对课堂教学目标的设计要适宜，要让学生从目标中感受到喜悦或希望，并且经过努力可以实现其目标。其次，教学目标的设计要使学生产生学习的兴趣，让他们想学、乐学。第三，要挖掘教学目标中的吸引力，激发强烈的求知欲。好奇心常常是引起兴趣的先导，要有效地利用学生这一重要学习心理，诱发其求知欲。

(2)为学生创设表现机会

杨振宁曾说："一个人要出成绩，原因之一就是要顺乎自己的兴趣，有了兴趣，苦就不是苦，而是乐。因此也就容易出成绩。"要让学生对学习有兴趣，可以有很多方法，其中为学生创设表现的机会就是很好的方法。小学生的表现欲明显高于初中生，在小学阶段应多创设学生自我表现的教学情境，如游戏、提问、表演等教学情境，激发学习兴趣。

(3)将生活经验引入教学内容

对学生来说，凡是比较贴近他们生活的学习内容就容易产生学习兴趣；相反，则难于调动其兴趣。因此，在教学内容的选择上，应该关注学生的生活经验，灵活处理教材中的内容，化枯燥概念为有趣、通俗的知识点，使书本知识变为活的知识，增加吸引力和感染力。

(4)设计情境活动

学生的兴趣往往是在情境活动中产生的，活动给学生提供了发展兴趣的机会。因此，设计适合学生心理发展的活动内容，是教师在教学中不可忽视的方面。活动内容的设计很广泛,既可根据教材内容去拓展,也可根据学生的兴趣去创编。活动的形式更是多种多样,既可以演奏音乐或歌唱,也可以表演戏剧小品,还可以讲故事、猜谜语等。

(5)培养专注力

激发学生学习的兴趣只是第一步,第二步是要培养学生的专注力,目的是巩固和发展已调动起来的学习兴趣,使其兴趣延伸和发展。为此,教学中应该根据学生的兴趣变化不断地调整活动的内容,始终保持新鲜感,巩固兴趣。这就是从兴趣向更深一步的志趣发展。学生有了学习的兴趣,就会增强学习的自觉性,就会把志趣变得稳定而持久,从而产生意志力。一个学生有了意志力,就能抵御干扰与挫折,以饱满的学习热情和持之以恒的自信逐步走进艺术的殿堂。

当然,艺术教育的目的并非让每一个学生成为艺术家,而是要通过艺术的教育去完善学生的素养和品质,培养能欣赏美、创造美的基本艺术能力。这就是我们所要步入的艺术殿堂。

三、美术教师的专业发展

(一)美术教师个体专业性发展的内涵

教师个体的专业性发展是教师从专业思想到专业知识、专业能力、专业心理品质等方面由不成熟到比较成熟的发展过程,即从一个专业新手发展成为专家型教师或教育家型教师的过程。美术教师的专业性发展主要体现在以下几个方面:

1. 专业理想的建立

美术教师需要在对美术教育的感受和理解上形成关于美术教育本质、目的、价值和生活等的理想和信念。这个层面基本是教育哲学的层面。一般而言,教育观有很多差异,会随着社会和教育的变革而发生变化。而教育变革和变化会有各种因素成为动因,这些原因都会影响教师在教育根本发展方向的判断和自身能力的发挥。因此,在实践基础上确立一个较为广阔的、高瞻远瞩的专业理想是非常有必要的。而美术教育的价值理想本身也有不同的倾向,作为美术教育专业理想的建立,就需要在广泛的人文理解上,确立专业的精神内核。

2. 专业知识的拓展

教师职业的专业知识就是教师职业区分于其他专业的理论体系与经验系统。教师的专业知识拓展包括三个方面:量的拓展、质的深化以及知识结构的深化。专业知识量的拓展即教师要不断地更新知识,拓展知识的范围;专业知识质的深化指即从一般的专业知识理解到对专业知识的驾驭,并能够在美术教育专业领域里具有一定发言权的能力;知识结构的优化是在知识不断扩张的今天,美术教师需要以美术知识为主体,以相关的知识为背景,才能实现专业知识的拓展与深化。诸如,在对美术本体知识的理解上,还要具备丰富的教育学知识、心理学知识等。当然,人文性质的美术教育还需深入到历史与哲学的基础上,才能建立一个至上和至基础的完整系统。

3. 专业能力的发展

教师专业能力就是教师教育教学的能力。教师的专业能力是教师综合素质最突出的体现,是评价教师专业性的核心因素。教师的专业能力也有着不断发展成熟的过程,一般来说,教师的专业能力发展包括以下几个方面:设计教学的能力、表达的能力、教育教学组织管理能力、教育教学交往能力、教育教学机智、反思能力、教育教学研究能力、创新能力等。这些能力对教师专业能力的培养具有普遍价值,但在不同的专业中又有各自的体现。

4. 专业自我的形成

教师专业自我就是教师在职业生活中创造并体现符合自己

志趣、能力与个性的独特的教育教学生活方式以及个体自身在生活中形成的知识、观念、价值体系与教学风格的总和。作为美术教师，需要做到以下几点：第一，自我形象的认识。教师形象有其象征意义，如文化的象征、道德的象征以及人格的象征等。美术教师在此之外还承担着创造者与美的代言形象意义。因此，美术教师对自我形象的认识是做好美术教师的一个前提。第二，积极的自我体验。自我体验是伴随自我认识而产生的内心体验，当个人的心理标准和现实标准一致，则会形成积极的自我体验。自我体验往往与个体的自我认知、自我评价和个体对社会规范、价值标准的认识有关。因此，美术教师要在正确的价值观上形成积极的自我体验。第三，正确的职业动机。动机是内在的驱动力，选择教师这个职业的动机可以不同，但是选择了这个职业之后，通过系统的专业训练，就要重新调整职业的动机。第四，对职业状况的满意程度。对职业状况的满意程度与教师的积极性有极大的关联。对职业状况的满意和很多因素相关，就当前来说，美术教育的职业状况的整体满意度还是不错的，但是美术在整个教学体系中的地位也是影响教师职业满意度的重要因素。第五，对理想的职业生涯的认识。理想的职业生涯体现为教师对自己最终目标的追求，有清晰的职业生涯的认识，对教师的专业自我的形成有很重要的意义。第六，对未来工作情境有较高的期望。这对教师形成持久的探索热情具有很大的意义。第七，具有个体的教育哲学与教学模式。这是教师专业自我形成的重要体现标示教师专业主体性的确立。

教师专业自我的形成也就是教师逐步走向成熟的过程。它是教师在学习、教学情境中不断与社会环境相互作用的过程。其最终结果是教师获得充分实现其职业功能、价值的所有素质。

（二）美术教师的职业角色与形象

教师的地位、作用等，都是通过其职业角色和形象来展现的。教师对自己职业角色与形象的认识是其专业化程度的直接体现。

第三章 中小学美术教学的要素

1. 美术教师的职业角色

美术教师的职业角色是多重社会属性和社会关系在教学活动中的反映。教师角色是人们对教师的社会地位、身份相一致的一整套权利、义务的规范,它是人们对教师的行为期望,它构成教师群体或组织的基础。它基本反映了人们对教师角色的期待,同时,社会也会从不同的角度赋予教师不同的角色特点,甚至是负面的特点。这也就包含了对教师角色的价值认识和事实认识的问题。即教师角色除了社会的期待,同时要从社会事实的角度来客观理解教师角色,这将更有利于教师社会价值的发挥。美术教师的角色一般包括以下方面:

其一,美术知识的传播者。这是美术教师最基本的角色,教师教育是人类文化传播的最重要的方式。其二,美术教学中的设计者、组织者和管理者。教学活动是一个集体活动,美术教师课程设计、教学组织的水平决定了教学的效果,而教学中好的管理也是教学效果发挥的重要前提。其三,学生心灵的培育与保护者。作为美术教师,在理解美术教育的价值基础上,体现出最重要的特点,就是美术教育的"人文性"特点。因此,美术教育承担着重要的美育任务,以丰富学生的心灵。另外,美术教育对学生心灵的保护也具有独特的学科优势,以更好地促进学习者的心理健康发展。其四,学生的朋友。教师作为学生的朋友才能更好地理解学生,也就能更好地帮助学生的学习。但是,作为教师,在成为学生朋友的同时,要防止教师威信力的下降,也就是要学会把握与学生师友关系间的度。其五,美术教育的研究者。现代的教师不仅仅是知识的传授者,同时是理论的检验者与推动者,因此,美术教师必然要承担起美术教育研究者的角色。其六,模范的公民。不管是哪种教师,既然以教育他人为职业,其自身言行则必为表率。在社会心理上,教师始终是公民的模范。其七,纪律的执行者。教师的这一形象对学生对于规范的遵从教导具有较大的影响力。但是这一条也可谓教师的负面角色之一。在学生心中，教师有可能成为一切纪律、规范的执行者的代表者，往往成为学生心理潜在的厌恶对象。因此，教师要把握好这个消极角色的潜在性，以防止对教学产生负面影响。其八，教育责任的承担者。教师作为教育的主要执行者，必须勇于承担起传播文化，教书育人的重要责任，并愿意为之奉献付出。

其实教师的社会角色应当比以上叙述更丰富，诸如教师也是学习者与学者，甚至在特定的教学阶段充当了家长代理人的角色，但是关键是，教师应当明确自己角色的基本定位，能够从消极的一面去反思教师角色，并努力扮演好自己的社会角色。

2. 美术教师的职业形象

美术教师的职业形象是其职业生活中的形象，是其功能和角色的显现。其形象也是社会赋予这个职业的形象象征，内在表现为教师的奉献精神，外在则表现为言行的师表。因此，美术教师的职业形象也主要从其道德形象、文化形象与人格形象几个角度来理解。

(1) 美术教师的道德形象

教师本身就具有为人言行示范的意义。孔子说，"其身正，不令而行；其身不正，虽令不从。"没有严格的自我道德要求，对学生的道德影响就会受到怀疑。教师在道德层面充满奉献精神，教师多被喻为"蜡烛""园丁""人类灵魂的工程师"等。不管在什么样的境遇下，教师不仅仅是知识传授者，同时也是学生的监护者，监护学生身心的成长，教师也正是在奉献中体现自己的价值。作为美术教师，在进行美术教育时，不仅服从基本的教师形象的道德准则，而且在"以美启真，以美扬善"中，更好地塑造教师体现"真""善""美"统一的道德形象。另外，美术教师要注意和"美术家"区分开，当"美术家"在进行艺术创作时，可能超越于一般的道德理解，成就艺术的自我，而教育内容是根据教学对象具有选择性的，美术教师则需要在对教育对象的理解上来进行自我形象的选择。

(2)美术教师的文化形象

文化传播是教师最基本的社会功能,因此,教师的文化形象也是教师形象的核心。美术教师虽然以传播美术文化为其主要的职能,但是,作为一个文化形象的意义,美术教师的文化标准则需要建立在一个更广泛的人文基础之上。只有深刻地体会美术教育的人文性质,才能成为一个优秀的美术教师,才能体现美术教师的文化形象。另外,在当今教学学科发展基础上,教师不仅是一个文化的传承者,还需要是文化的创新者,才能在多元文化视野中更好地体现其价值。

(3)美术教师的人格形象

人格主要是指人所具有的与他人相区别的独特而稳定的思维方式和行为风格。教师的人格可谓是教师在教育教学活动中的心理特征的整体体现。由于教师具有群体意义的示范特点,虽然每个教师都具有自己的人格特征,但是,理想的教师人格多倾向于爱心、耐心、负责、乐观、坚强、幽默等积极的人格特征。

一般来说,坏脾气、无耐心、偏爱、忧郁、顽固、啰嗦、霸道、自负等,都是不利于教师效能发挥的性格特征。美术教师由于专业特点可能体现出较强的个性特征,诸如自信、表现欲强等,这些性格特征往往具有两面性,如果能够与学生进行很好地沟通交流,很多具有潜在负面人格特征完全可以成为激发学生前进的动力因素。总之,美术教师作为教师群体中的一员,其形象应是道德形象、文化形象和人格形象的统一。但是,教师也是一个普通的公民,在强调教师的形象象征的同时也要还教师一个常态的面貌,才能真正地做好教师。教育中充满了辩证的因素,看似负面的因素经常反映了事情真实的一面,接受、认识现实也就变成了正面的效果,社会期待的往往是理想化了的教师,在特定的情境下,呈现教师的真实性也不容忽视。教师在自我成长过程中,就是一个自我修正与提升的过程,有些缺陷作为教师个体是无法克服的,最终,只要能够有效地达到理想教学效果,实现教学目标,就是一个成熟的教师。

第三节　美术教材

教材是课程与教学内容集中体现的主要方式。随着教育观念的不断变化与革新，人们的教材观也发生了显著变化，开放、多元、生态、综合兼顾的教材发展趋势成为主流。教材已不是对课程的限定，而是服务于教学的基本素材。

一、教材观分析

（一）目的型教材观

传统教材秉承目的型教材观，认为学生的发展直接受制于教材的选择和排列，把某种特定课业的教材习得视为教学本质。这样编写的美术教材是以学习并掌握美术技能为目的，是"一课一练的教本"，它在每一课中都规定了要画的对象、使用的工具、作画的方法与步骤、每一环节需要注意的问题以及最终的效果等，要求教师循序渐进地"教教科书"，要求学生亦步亦趋地"学教科书"。对于这样的教材，教师无需再动脑筋研究，却也没什么研究、开发和创造教材的可能性，所能实现的目标也十分有限。

（二）手段型教材观

手段型教材观是把儿童借助教材的作用而产生的主体方面能力的变化，视为教材的作用。这样的"教材"与目标之间具有距离感，但提供了对话或互动、发展智慧和能力的空间。所以，教材仅仅是一个主题、一点启示、一种资源或一些范例，是为师生提供可选择、可开发、可创造的契机，成为可拓展、可探索、可研究的平台。

因此，对教师而言，教材（教科书）是一种"课程资源"，教师应该"用教科书教",即借助教材,根据地域、学校和学生的特点进行设计、开发和再创造,上出有个性、有特点、属于自己的课;对学生而言,教材(教科书)具有"学习资源"或"学材"的性质,学生借助教材,在教师的启发和引导下,激发想象和思维,自主地建构知识,并能进一步创造出更加多样的作品。

所以,一本好的教材应该是如图 3-1 所示,是生态型的,它根植于不同地域或学校的"土壤",会因各位教师的创造性而生发"多样"的创造,并引发广大学生"无穷"的创造,并应用于实践当中。

图 3-1 开放型、生态型教材示意图[①]

"用教科书教"还是"教教科书"是区分新旧教学方式的分水岭。我国新一轮的课程改革针对"繁、难、偏、旧"的教学内容和"灌输式"的教学方法,提出了"课程资源"和"对话教学"的概念,有利于改变"教教科书"的状态。

---

① 王大根.中小学美术教学论[M].南京:南京师范大学出版社,2013.

二、美术教材及其特点

美术教材是根据《美术课程标准》提出的目标和任务,选编和组织的具有一定范围和深度,又便于学生学习的美术知识和技能体系,是美术教育、教学的主要依据。可以说,美术教材是美术课程内容的重要载体,包括教科书、画册图片、实物、作品以及相关的网络资源、计算机软件、地方资源等。

教材有狭义和广义之分。狭义的教材泛指教科书,亦称"课本""教本",是根据各科教学大纲(或课程标准)编写的教学用书。它是师生教与学的主要材料,是考核教学成绩的主要依据,是学生课外扩大知识领域的重要基础。而广义的教材指课堂内外师生使用的便于科目学习的一切素材和手段,包括课本、自编讲义、课件、练习册、辅导资料、自学手册、影像资料、实物道具以及计算机软件、电子书、教学网站等。

无论是哪一种表现形式,教材作为课程和教学中的关键环节历来受到重视,而且,随着教育观念的变化,人们对教材的理解不断深化,对教材的期待也在不断提高。

由于美术教学的特殊性,美术教材与其他文化课教材有很大的差别,其特点主要表现为以下几点:

(一)学科性

美术教材必须体现《美术课程标准》的精神具有科学而合理的结构,严格遵循教材编选、组织和编排等原则,又体现美术学科特点,即"大美术"观念。

第一,由于美术学科本身是一个不断发展的学科领域,人们对美术实践及其理论的认识也在不断地深化。

第二,教育、教学也不断发展,要把美术学科的知识技能与学生的心理特征和生活有机结合,成为"育人"的重要途径。

第三,随着信息社会的快速发展变化,学生也在迅速变化,师生之间每隔几年就会出现新的"代沟"等,美术教材就成为一个动态的、需要长期研究的课题。

(二)图像性

美术教材的主体是美术教科书。美术学科高度视觉化的特点,要求美术教科书不仅应当有简练的文字,更需要提供大量古今中外经典的美术作品图片,大量中外同龄儿童的优秀美术作品,以及各种与现实生活相联系的图片,加上精美的印刷技术,才能直观、形象地传达图像信息。虽然会有越来越多的电子图像用于教学,但美术教科书却是最基本的知识体系,相信电子书也同样要体现这一特点。

(三)多样性

一是美术教材形式的多样性。不仅仅有美术教科书、讲义等文字教材,还包括如图3-2所示的图像教材、实物教材和计算机信息教材等。二是美术门类和操作形式(绘画、雕塑、设计、工艺、欣赏等)的多样性,势必需要不同的材料、工具和操作条件。三是小学美术教学的主题和内容的多样性。有的侧重于美术知识与技能的学习,有的侧重于个人情感的表达,有的强调联系社会生活的设计,有的则侧重于创新与想象等,都需要教材编写者综合考虑,并合理地规划、设计与编排。

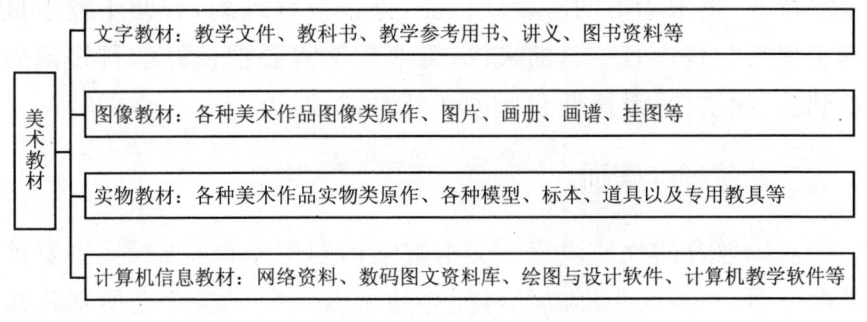

```
             ┌─ 文字教材:教学文件、教科书、教学参考用书、讲义、图书资料等
             │
美术教材 ────┤─ 图像教材:各种美术作品图像类原作、图片、画册、画谱、挂图等
             │
             ├─ 实物教材:各种美术作品实物类原作、各种模型、标本、道具以及专用教具等
             │
             └─ 计算机信息教材:网络资料、数码图文资料库、绘图与设计软件、计算机教学软件等
```

图 3-2　美术教材体系范围、结构示意图

(四)可开发性

传统的美术教材很具体地介绍了用何种材料、方法、步骤做某种美术作业,强调传授固定的美术技能,却难以创新与拓展。新教材会介绍一些学科的基本知识与技能(比如线描、版画、陶艺或设计等),提出有弹性的学习任务,教师能通过选择、改变等方式,让学生创作自己感兴趣、有意义的主题,引发无穷有新意、鲜活的作品。

(五)综合探索性

《美术课程标准》设立了"综合·探索"领域,提倡在美术学习中融各学习领域的内容于一体;将美术与其他学科相综合;让美术与现实社会相联系,使美术学习内容更具综合性和探索性,给学生提供选择和拓展的空间。

三、美术教学内容的选择原则

美术教学内容是美术课程的基本构成要素,也是连接其他课程要素的关键环节,主要指相对系统化的美术知识,具体包括美术学科的知识、技能、原理、相关活动及其意义等。美术教学内容首先要从纷繁多样的美术文化体系中,筛选出适合特定教育对象年龄特征、美术学习的阶段性特征,符合教育理念,有助于教学目标实现的学科内容。总的来说,美术教学需要把握好学科知识的基础性、优质性、系统性和递进性等原则。

(一)基础性原则

基础教育的性质决定了美术教学内容的基础性特征,主要包括两方面,一方面为形成学科教育的具有一定普遍意义的基础知识、基本原理、基本能力和重要结构关系等,即"知识与技能"方面的内容,在美术课程中强调的是"美术语言"及相关知识;另一方面为非专业性质的,针对学生综合素质提升的普通知识,也就是"过程与方法""情感态度与价值观"方面的内容。基础美术教育要面向全体学生,那么其教学内容应该包括具有一定通识性、常识性、概要性的普通美术知识,便于学生接受,便于与学生的已有经验关联,便于和其他学习内容综合,也便于和社会生活发生联系。在构建基础美术教育的教学内容体系时,要求在对美术知识与技能广度、深度、进度的选择和控制方面,与相应阶段学生的接受能力、兴趣、生活经验等相符合。

(二)优质性原则

教学内容永远存在着人类经验的无限丰富性与个人学习有限性的矛盾,因此教学内容必须精挑细选。对于美术课程而言,应选择那些人类美术文化中具有较高艺术品质的精华部分,才能更好地引导学生的审美情趣。缺乏优质性美术教学内容的问题,主要是某些课本中的范画出自编写者之手,又局限于写实风格,缺乏较高的艺术水准;美术理论也仅限于现实主义理论,比较单一,不利于拓宽学生的审美视野。

面对纷繁复杂的美术文化,我们既要继承传统美术文化,也要倡导诸如影像、电脑美术、观念艺术、装置艺术、行为艺术等各种新的美术形式与创作观,使美术教学内容具备时代性和先进性。课本中的图例应选自古今中外人类文明的精华,有利于学生建立高层次的审美参照。课本中的文字也应当言简意赅地表述出当前最权威的知识或理论,还要结合文化发展、生活习俗、区位差异和伦理道德等各方面进行综合考量。经过参照经验、反复比较、论证调查和实践检验的优质教学内容才能确保美术课程的质量。

(三)系统性原则

美术课程较为鲜明的特点是门类繁多、风格迥异,各内容之间相对独立、灵活和随机,不存在数学、物理、外语等学科所具有的那种严密的逻辑性和连贯性，不同的学科就是不同的集合化、条理化、有序化的相关知识体系。

美术课程有自己的知识系统。在义务教育阶段，教学内容应能够较为全面地覆盖各种内容，保持内部组织的适度灵活性与适应性，并合理分配各内容的比例，让学生能较全面地了解美术。对于每个美术门类的学习，都应该体现美术的学习规律，即既有美术欣赏，也有美术创作（或设计、制作），还能安排一定的探究活动，让学生真正领略到美术的真谛；让学生通过小学、初中、高中等各阶段的学习，最终能够了解美术学科的基本知识及简单技能，其中包括认知中外美术文化的大体发展脉络以及学科的关键知识（如原理、事件、人物等），还要具备一些简单有效的创作实践能力。

（四）递进性原则

在学校美术教学中，从小学到初中再到高中，学生的身心会伴随着年龄的增长而变化，经历着一个个重要的成长时期。从各个课业和模块教学出发，针对不同学段安排难易程度不同的学习内容、实践方式及评价标准是非常必要的。所以，循序渐进是美术教学的重要教学原则之一。

《义务教育美术课程标准修订说明》指出：学科目标和内容通过四个领域呈递进关系，显示出循序渐进的学习过程。以"造型·表现"为例，第一学段强调"尝试"和"体验"；第二学段强调的是"初步认识""激发想象"和"创造愿望"；第三学段强调的是"运用""选择"和"发展构思和创作能力"；第四学段强调的是"有意图地运用""探索不同的方法"和"发展具有个性的表现能力"。在认知和运用造型元素与形式原理方面的要求也呈递进关系。

四、美术教材的编写原则

《美术课程标准》在"教材编写建议"中要求：依据美术课程标准编写美术教材；实现内容组织的综合性和合理性；妥善处理传

第三章 中小学美术教学的要素

统与现代、中国与外国的关系;鼓励美术教材呈现方式多样化。

美术教材虽然都依据《美术课程标准》的要求编写,但由于编制者、使用者理解的不同和各种地域、条件等方面的差异,会造成内容选择和教材编排形式、体例等不同,有助于美术教材的多样并存和共同促进。同时,也要认识到教材的基础性和严肃性,在教材的开发、编制和使用过程中,应注意以下一些基本编写原则:

(一)直观性原则

美术是一种视觉艺术,有许多东西是无法用文字或语言来加以描述的,必须展现大量的图片资料,主要包括古今中外经典作品范例、世界各国的儿童美术作品、同龄学生作业等示范性图例,能引导学生美术学习的有关过程与方法的教学示意图、步骤图、结构图等,学生学习活动图片等。在教学实施过程中,教师要注意体例、版式的设计,使之具有视觉美感和可读性,从而形成集成和互动的优势,加强美术教学的效果,促进学习方式的多样化。

(二)适龄性原则

教材要根据不同年级学生的特点,兼顾知识性、情感性、趣味性、过程性、综合性,使之易于激发学生自主学习的愿望与兴趣。

(三)学科逻辑原则

教材要体现美术知识的学科特点和逻辑性,形成可用以教学的内容和经验。内容编排要突出重点,分散难点,适当采取直线式或螺旋式的编排方式,可采用单元式、单课式或综合式等多种方式。结构安排既要兼顾学科知识的逻辑顺序,又要符合学生学习的心理顺序。

(四)人文性原则

美术教材既要重视优秀的中国传统美术和民族、民间美术,弘扬优秀民族文化,也要包含经典的外国美术作品,并根据学生的接受能力对现代艺术加以介绍,以开阔学生的眼界和思路,培养尊重世界多元文化的态度。

(五)可开发原则

教师在教学时,要求教材能够较方便地与不同地区学生的基础、生活经验、地方资源、文化特色与教学内容相结合,广泛联系,发挥美术文化的亲和力,综合创设适宜的学习情境,开发出具有当地特色的校本课程。

五、美术教科书的基本结构

教科书的结构是指在教科书编排形式上若干基本组成部分所形成的相互联系的关系。由于美术学科的特殊性,美术教科书的形式结构有其自身的特点。教科书的学科内容是一个有机的整体,各要素会根据一定的理念,依照一定的构成逻辑进行分类、关联、编排与配合,呈现合理的结构。通常,较完善的美术教科书的形式结构如图3-3所示,可以包括七个基本部分。

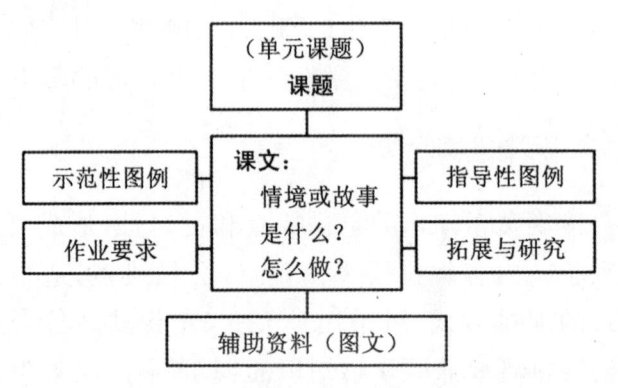

图3-3 教科书形式结构示意图

(一)课题

点明本课要学习的学科主题。应当是有关美术语言某一方面的主题,或是与学生生活、人文或科技相联系的议题。有时包

第三章 中小学美术教学的要素

括单元课题以及小课题。

(二)课文

课文是传授美术知识体系的主体,要求课文既能够准确传达该课题的内容,又必须言简意赅,要口语化(小学低年级可儿歌化),便于学生接受。主要包括:(1)"情境或故事"的设置,联系学生的生活等,形成相应的情感态度与价值观;(2)"是什么?"即简洁明了地介绍学科知识,包括概念、术语、知识和观念等;(3)"怎么做?"即介绍使用的材料、工具、方法、操作步骤和要求,是过程与方法的内容。

(三)示范性图例

教科书中一般采用两种图片作示范,一种是挑选该艺术形式中的经典作品,具有较高的审美和示范价值;另一种是国内外同龄学生的作品,这是学生最感亲切、最受鼓舞的。

(四)指导性图例

指导性图例可包括作品某种关系的分析图、制作的步骤图、说明某种概念的示意图、说明某种结构的剖面图、用于参考或比较的实物照片、正确操作姿势的照片以及学生学习和活动的场面等,帮助学生更方便地理解、学习美术知识和美术技能。

(五)作业要求

作业要求就是布置给学生进行美术创作的学习任务。较完整的作业要求应包括:用什么材料、工具或方法,在什么条件下,完成以什么为对象的什么作业,应该注意的问题或要求。此外,还应该提出允许自由发挥的范围以及可供选择的提示等,以适应不同水平的学生或教师不同的教学需求。

(六)拓展与研究

这是要求学生动脑思考或开展讨论的问题,让学生运用所学到的知识分析或解决某一问题,或发表自己的看法。小学高年级学生也可写体会或小评论等,这也是提供给教师进一步开发有特色的校本课程的机会。

(七)辅助资料

辅助资料是与主题相关的资料,有利于丰富学生的知识结构,多以"小贴士"的形式出现,或置于页面的一侧、一课之后或教科书的末尾处。可以让学生根据自己的兴趣来阅读、学习和扩展艺术视野;教师教学时也可以运用其中的事例来说明某些问题。有的教科书后面还附有博物馆和艺术点的地图、艺术安全、艺术技术、元素和原则、艺术家图库、词汇表、艺术家和艺术作品索引、艺术史年表等小资料,篇幅不多,效果却很好。

六、美术教材的使用

新课程理念的推广,能够带动新的美术教材编写观,也带来新的美术教材使用观。在对"'教'教科书"还是"用教科书'教'",教科书是"面包"还是"面粉",教科书是限定还是引导等设问之下,当今的教学观普遍认为,教材是面向具体学生的可供开发和加工的"活性"材料,可以为我们的教学提供无限可能。

在具体教学中,一线教师对教科书的使用也更加灵活和自主。教科书可以被看作是基本素材、基本资料,甚至是参考资料。每一位教师都可以在深入理解课程精神及教科书要旨的基础上,设计适合当地学生、具体环境和具体条件的课程及教学方案,开发具有地域特色的课程,或相应的校本课程。新课程标准的理念鼓励教师对教材的深入理解和创造性地运用,鼓励校本课程的开发,从而激发了广大师生对教科书再次开发的能动潜力。

内蒙古小学二年级手工作品

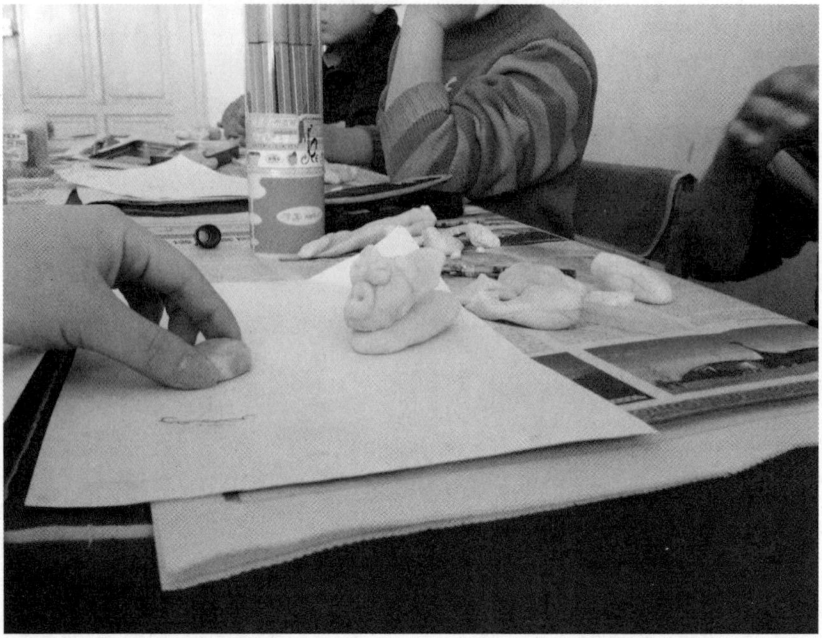

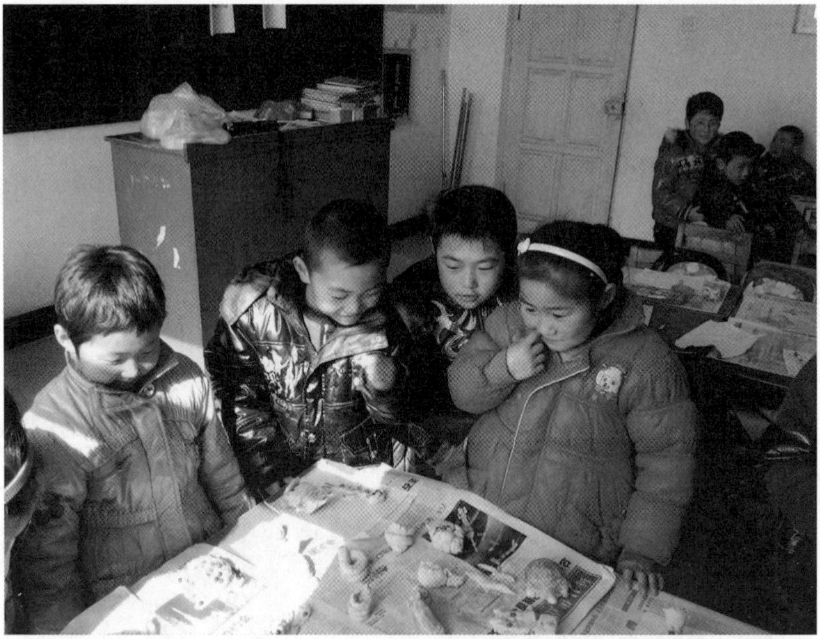

第三章　中小学美术教学的要素

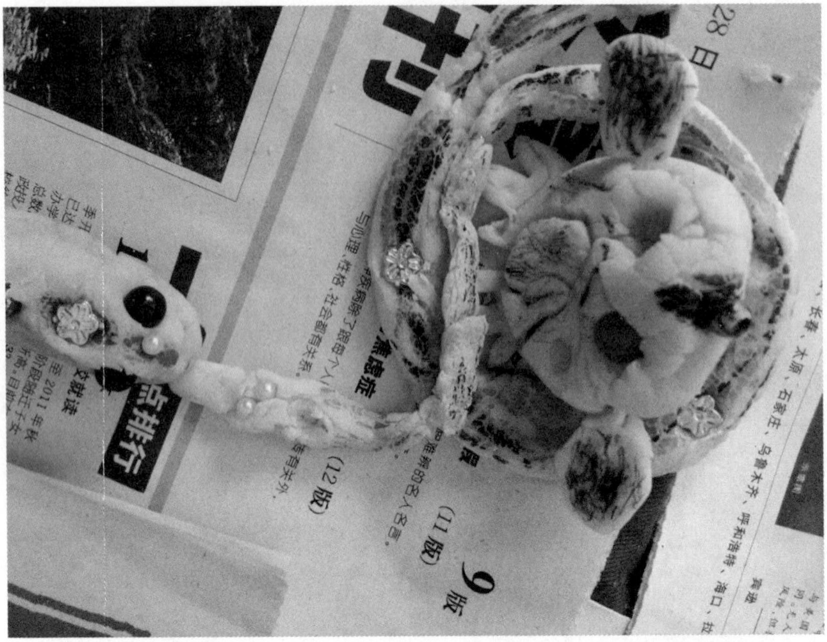

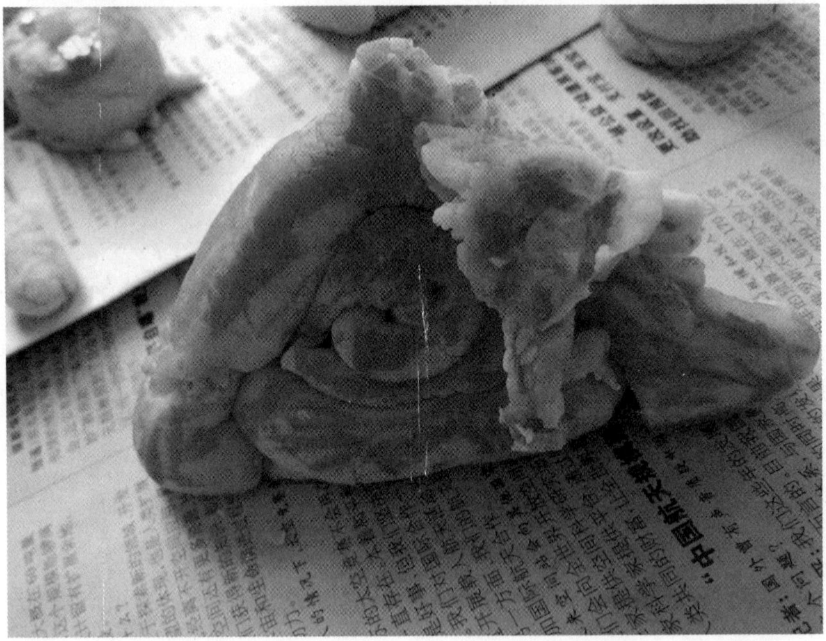

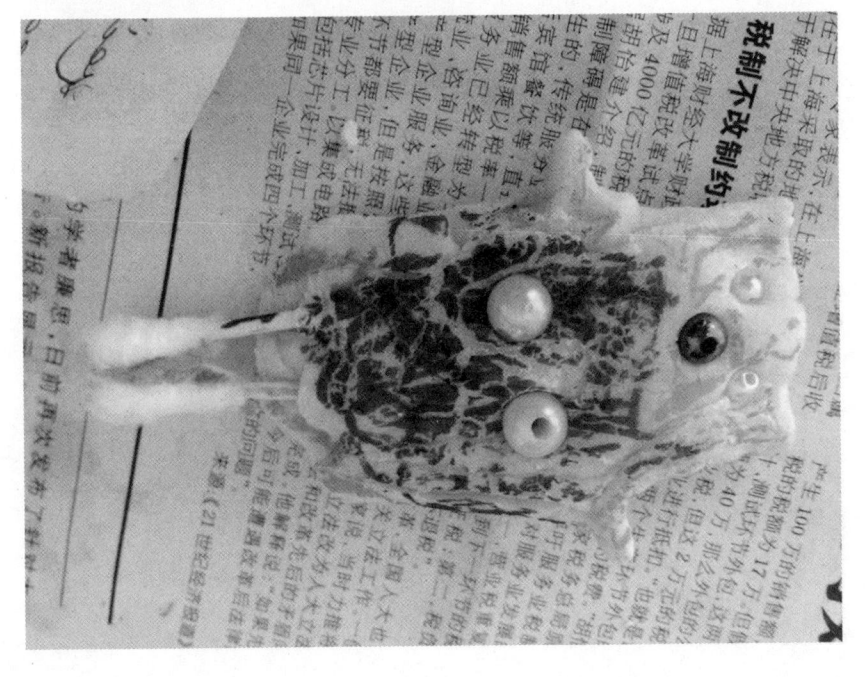

第三章　中小学美术教学的要素

中小学美术教育的理论研究与实践探索

第四章　中小学美术教学的方法

教学方法包括教学和方法两个概念。今天人们对教学的理解已经突破了教师单向教授的局限，而更为认同教与学两方面的统一。其中，"教"是指教师有目的地指导学生学习的活动，"学"是指学生在教师指导下的学习活动，方法是指关于解决思想、说话和行动等问题的门路、程序等。本章内容将详细论述美术教学的具体方法、思路和不同门类。

第一节　教学方法的类型

一、以语言传递信息为主的方法

以语言传递信息为主的教学方法，是教师通过应用口头语言向学生传授知识和技能。对学生来说，语言的锻炼和语言能力的发展也是培养他们思维品质的非常重要的方面。这类方法主要有讲授法、提问法和讨论法。

（一）讲授法

讲授法是教师通过语言系统向学生传授知识，促进学生发展的方法。主要分为讲演、讲解和讲述三种具体方法，使用时要注意讲授内容的科学性、系统性和连续性，注意启发学生，并讲究语言艺术。其中，讲述是一种最常用的教学方法。

理想的讲述应当做到：准确清晰，具有逻辑性；幽默流畅、生动，具有感染力；详略得当、重点突出、收放自如；叙述、比喻、论述相结合；多用具体例子；运用图表、图像、视频等辅助方式。

（二）提问法

提问法又称问答法，是教师按一定的教学要求向学生提出问题，通过问答的形式来引导学生获取或巩固知识的方法。提问法具有现代课堂教学和教育理论所推崇的师生双向交流、双向反馈和双向调节的特点，对于调动教与学双方的积极思维，培养学生分析、理解和解决问题的能力有重要作用。

提问者可以是教师，也可以是学生；回答者可以是教师，也可以是学生。因此，存在三种提问的方式：教师向学生提问，学生向教师提问，学生向学生提问。作为课堂教学行为的主导，教师的提问是一种教育艺术的表现，显示出明显的教学意图。

教师在进行提问时，一定要注意问题的知识与思维价值，无谓的问题只能耗费课堂的时间，导致课堂教学行为偏离目标。另外，还要注意问题的难度，要因人而异，准备好问题和提问计划，善于把握提问时机和分寸。注意启发诱导学生，提问结束后做好归纳小结。

（三）讨论法

讨论法是学生在教师指导下为解决某个问题而进行探讨、辨明是非真伪以获取知识、形成技能和发展能力的方法。恰当运用讨论法，能发挥学生的主体作用、学习积极性和主动性，优化学生参与学习的质量与效果，培养学生间的合作与交往能力。

二、以直接感知为主的方法

以直接感知为主的教学方法，是指通过实物展示或直观教具的演示和组织专门参观等，帮助学生直接感知客观事物或现象，

第四章 中小学美术教学的方法

从而获得知识、形成技能和发展能力的方法。这类方法具有形象、直观、具体和真实的特点,能激发和强化学生的学习兴趣,吸引和维持学生的学习注意力,但需要有较多的时间保障,同以语言传递信息为主的方法结合起来,就既能获得良好的教学效果,又能提高教学效率。这类方法具体说来有演示法和参观法。

(一)演示法

演示法是教师通过展示实物、直观教具或示范性操作,使学生通过观察获得知识技能或巩固知识技能的方法。演示的手段通常有三类:一是展示事物,使学生获得对事物的感性认识;二是用连续的演示,让学生了解事物发生发展过程;三是课堂示范性动作或操作。

演示的目的是为了使学生获得丰富的感性材料,加强书本与实践的联系,更好地理解各种原理、法则的正确性。同时,演示也可以更好地引发学生的学习兴趣和注意力,使他们更积极地思考、巩固所学的知识。此外,演示也有助于锻炼学生的观察能力、感受能力和想象能力。

(二)参观法

参观法是教师根据教学目标和内容的要求,组织学生到校外,通过对实物和现象的观察、调查与研究,从而获得直观的感受、客观的认识和深刻的体验的方法。

进行参观活动时要注意:根据需要实施,不可滥用,不能当作单纯的游玩活动;制订周密的计划,明确目的,责任到人,落实安全措施;引导学生进行有目的的观察,鼓励学生用自己的眼光大胆发现,并通过拍摄、速写和文字记录等方式,收集有关的资料和数据;在活动进行中或结束后鼓励学生交流感受,共享资料,尽量扩大活动效益;如果无法安排专门的时间,可鼓励学生在放学路上或假日完成这一活动,如到商场做调查、到美术馆或民居参观。

三、以实践练习为主的方法

以实践练习为主的教学方法,是在教师的指导下,学生通过练习和实践等实际操作活动,巩固并完善所学知识、技能和技巧,向更高层次发展的方法。这类教学方法以学生的实践活动为基本特征。教育心理学的研究和教学实践表明,技能包括外部动作技能和内在的心智技能两方面。技能技巧的形成与完善,始终是与动作技能和心智技能相互联系、相互依存的。特别是动作技能的形成,始终受心智技能的支配和调节。如书写绘画、剪纸和泥塑等方面技能的形成和熟练,不能仅仅依靠语言的传授,还必须依靠实际操作。在美术教学活动中,以练习法和实践指导法为主要的教学方法。

(一)练习法

练习法是学生在教师指导下运用知识去反复完成一定的操作以形成技能技巧的方法。根据学科性质和任务的不同,可分为口头练习、书面练习、实际操作练习、模仿性练习、独立性练习、创造性练习等。使用时要求学生有一定的知识基础,提高练习的自觉性,做到循序渐进逐步提高与严格要求。

(二)实践指导法

实践指导法是教师指导学生进行一定的实际操作或其他实践活动,以获得知识和培养实际操作技能、技巧和发展能力的方法。实践指导法能有效培养学生独立操作的意识和能力,使用时要求做好实践的准备和指导,重视实践结果的总结和反馈,培养学生自我监控和评价的良好习惯。

练习和实践始终是学习的一个不可或缺的方法,有助于学生加深对知识的理解,形成长期记忆,或者将技术推向熟练。在美术学习中,练习和实践不仅能够加深学生对美术知识的理解,尤其重要的是能体现美术教学的特征,帮助学生认识和掌握技术,形成一定熟练程度的表现技能。

在美术教学活动中实施练习和实践指导法的要点是:

(1)活动的难易程度应该与学生的发展水平一致,并对不同的学生采取不同的要求。

(2)要有明确的目标,通过讲述和图示,让学生明白练习和实践活动要达到什么目的和要求。

(3)通过示范和讲述,告诉学生练习的要领、程序和方法。

(4)认真地观察学生在练习中出现的问题,并及时给予辅导。

(5)在大多数情况下,不要将技能的熟练程度作为评价的指标。因为在动作技能的学习过程中,练习是非常重要的,一些动作需要反复练习才能熟练,然而美术课程无法提供更多的练习时间,将美术技能的熟练程度作为评价学生的指标是不现实的。

(6)在技能的练习过程中,教师的示范和指导是非常重要的,但也应该注意不要关闭学生探索的空间。

四、以鉴赏活动为主的方法

以鉴赏活动为主的教学方法,是指教师在教学活动中,创设一定的教学情境,或利用特殊内容和艺术形式,使学生通过体验事物的真善美,陶冶性情和培养正确的态度、兴趣、理想和审美能力的方法。

美术鉴赏教学要注意运用感知、经验和知识对美术作品进行感受、体验、联想、分析和判断,尽可能地进入情境获得审美体验,并理解美术作品与美术现象。它主要有情境法、比较法、角色扮演和模拟活动的指导法。

(一)情境法

情境法是通过情境创设,学生从中品味优秀作品的艺术魅力。情境法在现代多媒体技术的支持下,有了很大的发展空间,它在教学中与各种方式的综合运用,再现了视觉直观性,易于营造立体的鉴赏教学氛围,能调动学生的积极性,感染学生的情绪,强化学生的审美感受,激起他们丰富的想象和情感。如在美术鉴赏课中播放 DVD 或 Flash 制作的影像,视听并举、声色并茂地呈现教学内容,学生在进行审美体验的同时,加深了对作品的理解。

(二)比较法

比较法是有目的地选取相关的美术作品置于同一欣赏环境中进行比较分析,帮助学生理解作品的特点。美术鉴赏过程中的比较是以多种形式出现的,比如把风格迥异的美术作品并置,或者风格相近的作品并列,培养学生的辨识能力。还可以将同一画家不同时期的相关题材的作品,不同画派同一题材的作品,不同民族、国家同一题材的作品,同一绘画内容、不同处理样式的作品置于同一欣赏环境中等,引导学生学会比较不同时空、背景下美术作品的特点,深化理解。比较法教学有利于让学生在对比分析中,从感性认识上升为理性认识,从而多角度理解祖国优秀艺术,尊重世界多元文化。

(三)角色扮演和模拟活动的指导法

在美术鉴赏活动中学生扮演美术作品和生活中的某些角色,并在一种虚拟的场景中模拟一些活动和行为,称为角色扮演和模拟活动。作为一种有效的学习方法,角色扮演和模拟活动能够使学生发生角色的转变,在一种新的角色体验活动中,增加对一些事实、规则或情感、情绪的认识,并以此获得一些相关的经验。同时,这种活动本身也能提高学生的学习兴趣和参与度,使学生处于一种兴奋和愉悦的学习状态中。这些活动促进了学生对社会的认识,有益于学生的社会化进程。

在教学中,鉴赏法同其他方法有机结合使用,能有效激发学习者的学习动机,引发浓厚的学习兴趣和强烈的求知欲。应用鉴赏法时要注意引发学生的学习动机和兴趣，激发学生强烈的情感反应，并照顾好学生鉴赏活动的个别差异。

五、以引导探究为主的方法

以引导探究为主的教学方法，是指教师组织和引导学生通过独立的探究或研究活动而学习知识、形成技能和发展能力的方法。这类方法的主要特点为：在教师的积极引导下，学生在探索解决学习任务过程中，独立性得到比较充分的发挥，进而逐步学习和巩固知识培养技能技巧、发展探索和创新意识与能力。使用这类方法，教师更重要的作用体现在为学生设计探索研究的情境，提供相关的资料，引导学生开展有目的的探究活动。给予学生进一步学习与研究的指导与要求，组织并监督学生及时完成学习与探究任务，帮助他们发现结论或结果。在这类方法中最主要的是发现法。

这种学习的组织形式比较多样，问题的类型也比较丰富，可以分为没有定论的问题、已有定论问题和对现实问题的发现与探究。

第一，对没有定论的问题进行思考，提出自己的见解。虽然对有些问题即便是成年人也是各说各话，意见不一，但这可以训练学生思维的发散性。

第二，在已有公认的权威结论的情况下，提出自己的见解。这类问题可以培养学生真理至上的精神，超越权威和公认结论去发现事实的真相。

探究性活动对学生而言具有不可替代的教育价值，对培养他们的探究精神，发展发现问题、研究问题、解决问题的能力，提高思维水平均十分有益，应该创造条件尽可能地进行。但是大型的问题探究活动，还是要依据各种条件来进行，不宜过频过滥。因为在高中阶段学生的课业负担太重、学习压力太大的情况下，这样的学习活动，需要占用学生较多的时间和精力。

六、美术课程资源的开发

美术课程资源存在着贫乏和狭窄的问题,但是我们在开发美术课程资源的过程中也不要贪多求大、舍近求远,应首先立足于对教科书教材的创造性利用,立足于学生和教师的具体情况,立足于学校所处的地域资源,开发符合学生、教师、学校的实际需求并符合时代精神的课程资源。美术教师最经常要进行的课程资源开发可能是为了对教科书教材进行重组、拓展和延伸,也可能是为了将十分有特色的地方资源引进课堂取代或补充原有的教材,形成完全由教师或学生创编的教材。不管是为了改编教材还是创编教材都要明确开发课程资源的目标和依据是什么。

为了更好地选择和利用课程资源,要注意两个重要原则:一是优先原则。学生需要学的和环境所能提供的资源非常广泛,教师所开发的课程资源不可能无所不包,因此教师要选择最能体现办学理念、学生最需要的课程资源重点开发、优先利用。因此,教师要进行必要的社会调查,了解学生为了有效参与社会生活所应具备的知识、技能和素质是什么,周围的生活环境能给学生提供什么样的学习材料、资源,以及学生已经具备和尚须具备的知识、技能、素质是什么,然后进一步根据这些情况设计课程资源开发的框架。例如,有的美术教师认为应当将流行视觉艺术引进课堂,如漫画、卡通画、连环画是现代生活的重要视觉材料,它们承载着许多社会信息,这些流行视觉艺术富有想象力同时又是一种人与人之间独特的交流方式,非常受学生欢迎,但是教科书中这方面的内容很少,有的美术教师没有认识到产生漫画、卡通画的社会文化背景及漫画、卡通画的积极因素甚至反对学生画漫画、卡通画。因此,适当开发这方面的课程资源可以让学生在学习美术的过程中,满足他们创造、想象和交流等多方面的需求。[1] 二是

---

[1] 刘万岺.学校美术课程应当重视流行视觉艺术——谈漫画、卡通和连环画对学校美术教学的促进作用[J].中国美术教育,2004(1):13-17.

适应性原则。课程资源的开发要考虑到学生群体的共性和个别学生的特性,同时还要考虑教师群体的特点。也就是说,课程资源要能被学生所接受,同时又能发挥教师的专长,这样课程的实施和资源的利用才富有实效性。从教师的情况看,虽然教师职业要求教师要有广博的知识和较全面的素质,但作为美术教师在专业技能上是各有所长的,每位教师应从自己所擅长的方面入手,充分发挥自己的专业长处。从学生的方面看也是如此,正所谓"因材施教"。因此,教师自行开发选择的课程资源应该被学生、教师所接受,才能共创异彩纷呈的美术课堂。比如有位美术教师设计《勺子的联想》一课,教师从生活中挖掘学生所熟悉的课程内容。他选择一件极为普通的日常用品"勺子"作为学生联想与创作的原型。在教学过程中教师变化勺子的不同观察角度,正面、反面、横放、竖放、倾斜,引发学生丰富的联想。学生们联想到了植物、动物、人、其他日用品、交通工具等等,并用手工纸、即时贴等综合材料对勺子进行添加、装饰,创作出生动有趣的作品,化普通为神奇,教学效果十分显著。另外,美术教师利用所处环境的特有资源创编特色教材的例子也很多,如在城市垃圾中白色泡沫塑料随处可见,造成白色污染。从环保的角度出发完全可以将白色泡沫塑料拿来作为学生造型活动的材料,变废为宝。白色泡沫塑料易于加工制作,其造型用途很广,仅从它的视觉效果和材质特点来看既洁白又蓬松,十分像孩子们所熟悉的奶油蛋糕。就此有的教师创编了以白色泡沫塑料为材料设计"奶油蛋糕"的美术课程内容。从实施效果来看,孩子的创新能力、合作能力、聪明才智都充分地表现出来。因此,开发课程资源之前先对学生、教师自身以及周边环境进行必要的调查、分析进而确立目标,可以避免盲目开发。

　　以教科书教材为基础进行课程资源开发,往往表现在对课程内容的延伸和拓展。例如《美丽的花窗》一课,教材中的文字提示比较简明,这给教师和学生留下比较大的拓展空间。有的教师从制作技巧的角度分析教材,认为本课学生的作业在制作技巧上与中国民间的套色剪纸有类似之处,即先制作花窗的框架(窗棍),然后在背面套上五颜六色的图案即可。这样的解释通俗易懂,也道出制作技巧的关键点。然而根据新课程的理念,教师应该提供给学生学习和了解"花窗"的背景文化,同时将书本知识与生活经验建立起联系。因此,对本教材内容进行拓展和延伸必须找到教材内容在美术文化脉络上所处的位置,还要挖掘学生在生活中对"花窗"的已有认识。"美丽的花窗"最典型的莫过于西方教堂里的彩色玻璃窗,它采用玻璃镶嵌工艺。前面所说的"套色"是我们从表现手法上总结出来的方法之一,除了"套色"之外,表现花窗的方法还有很多。例如,同样来自西方的"咖啡厅""牛排馆""面包屋"比较适合用彩色玻璃窗做装饰,而普通住宅、教室则不然。沿着这样的思路,本课的课程资源开发还可以进一步发展,引导学生感受中外"花窗"艺术的异同。比如,中国也有"美丽的花窗",典型的代表即园林建筑中各式各样的"花窗""漏窗",那又是另外一番景致,另外一种审美意味。这样顺藤摸瓜拓展开来,你会发现"美丽的花窗"只是一个故事的题目,这个故事怎么编、怎么讲可以有多种方式。如果我们对教材内容进行比较深入的解读,会发现可以吸纳进来的课程资源是异常丰富的,只要你能牢牢地把握住美术课程的几个重要特点,同时具备开阔的眼界和心胸就能做到。

  从学校内部的课程资源来说,学校的图书室、建筑、校园活动等都可以成为美术课程的宝贵资源,由于学校内部的资源的利用比较便利,可以组织大量学生参加,获取感性经验,因此要开发这些资源不是很难,重点是充分利用它们。校园里开展的许多活动都可以转化成美术课程资源,例如学校举办运动会,学生全身心地经历、体验运动会的种种情景,可以说较之平常的学习活动有着深刻的体验,教师如果能借机在美术课上让学生为运动会设计会标、招贴画、画运动会中的人和事等都将十分有意义。再如,学校开展的"环保"主题活动,美术教师可以引导学生在参与活动各个环节的基础上运用环保知识设计环保招贴画、漫画等,让学生

第四章　中小学美术教学的方法

用美术的方式表达和提升自己的环保意识。另外,学校开展艺术节活动,学生可以看到各种形式的展演活动,如舞蹈、乐器演奏等。美术教师可以让学生表现艺术节中的见闻,组织学生为艺术节设计海报、参加舞台设计、当一回美术小记者等等都是十分有意义的事情。因此,只要教师能留心校园生活,大胆地抓住时机,就能将这些资源引进美术课堂。教师要注意的是许多校园活动都具有时令的规律,比如运动会、郊游一般在春秋两季,如果能根据不同年级学生的特点循序渐进地进行美术课程内容的设计与安排,就可以让运动会、郊游等校园文化活动同时变成学生的"美术节",因为学校举行这类大型活动需要投入相当多的人力、物力、财力,所以最大限度地发挥这些课程资源是很有必要的。比如,有的老师利用学校组织学生到海边郊游的机会开展沙雕教学活动。

对于校外课程资源的开发则应根据美术课程目标、学生的兴趣需要,以及周边环境所能提供的便利资源入手进行考察与检索。在明确了开发课程资源的具体目标以后就要开始对课程资源进行考察和收集,一般对校外的一些自然资源、物质资源可以采用实地参观调查法,通过调查拍照、摄像等方法收集第一手资料。有些关于人文、历史方面的资源可以通过文献资料的查阅获得。在人类学中,有一种研究方法叫"田野调查"。"田野调查"主要是深入环境和人群进行具体的调查了解,对真实情况进行记录、拍照,收集掌握第一手资料,有时还必须对一些人物进行采访并做记录。教师对资源的考察过程也是学习的过程,在这个过程中可以深入地了解原本自己比较陌生的领域,因此教师应该树立起钻研的精神,率先进行相关课题的思考和研究。

面对校外丰富的资源,更要求教师能扮演不同的角色,有较强的社会活动能力。比如要经常联系一些单位或个人并对他们进行采访。一般的单位和个人还是愿意接受一些协同学校教育的事情,但最好能出具学校的介绍信为宜,这样可以使工作开展得更加顺利。教师除了搜集图片资料外,还要进行必要的挑选和归类以便不同教学之需。有条件的情况下,还可以组织学生实地参观感受。但是就目前学校受安全因素制约的情况,教师要经常组织学生外出参观是有很大困难的,因此教师还是应该利用学校统一外出的机会,如郊游、参加社会实践等活动结合开展美术教育活动。另外,受教师自身条件的限制,不能直接找到相应的资源,那么可以通过当地文化馆、文旅局或电视台、报社等文化、媒体单位,以它们为中介帮助寻找想要的资源。有位教师为了让学生了解老一辈人的生活情况,就通过当地报社联系到一位旧日用品收藏者,并请他将自己的收藏品带到课堂介绍给学生。报社也认为这样的活动十分有意义,就派记者跟踪采访、报道整个活动的开展情况。因此,在当今信息交流便利快捷的社会生活中,教师要善于利用一些更高层次的渠道获取更加全面的课程资源。

校外课程资源的开发和利用是一个十分广阔的空间,也是专家反复强调应加以重视的方面。但由于它的丰富性和复杂性,往往是个别教师所难于承担的。如果想要较大面积、较为系统地开发课程资源,还得发动教师群体的力量。

第二节 美术课堂教学的思路

一、总体思路

(一)观点与目标

重建美术课堂教学,教师要从引导学生视知觉经验本质的角度,转换与形成其初步发展的艺术感觉,由改善学生眼睛感受体验的知觉变量水平、方法入手,既进行对照性比较分析研究,又有描述性讨论的本质意义研究,达成真正意义上美术课堂教学的有效性。

美术课堂教学中,学生视知觉意象性体验的本质意义在于促进学生对美术文化、美术作品、美术知识、美术学科元素、不同的美术表现方法与技能现实存在的意象性知觉,生活化经验唤起后心理知觉的变量分析,以及教师有针对性的课堂教学方法调整与改善。

(二)教学研究内容

美术课堂的教学研究内容为学生美术学习心理的知觉反应,主要改善"造型·表现""欣赏·评述"两个学习领域活动中的视知觉体验水平,以及对其学习心理及表现行为影响因子的测量。

(1)学生对"形"的认识发生改变。由以往固化的思维方式,向比较开放的状态变化。具体表现为:用线条造型的表现性课程里,学生能够比较自由地画形态与造型。特别是在线条的运动中,孩子们能够由以前比较呆板的落笔运动,走向一种轻松。

(2)造型表现的方法与形式更加多样。例如,除线描表现之外,纸造型、版画、色彩表现中线形的构成等作业水平都发生变化。在工具、材料的使用上,改变过去的单一认识,并能大胆尝试。

(3)写生学习水平的变化。学生能够大胆地对真实形态进行自主表达,此心理知觉变化发生在提升作品表现中线条造型的认识水平,包括用线条造型时对所观察物象的选择性、表现语言的自主提炼程度。

(4)改善美术欣赏教学现状。学生对自然美的生活景象、美术作品、美术现象的知觉反应,由以往视知觉经验被唤起后,具体对美术作品中学科要素、形式表现理解水平的变量分析。此变量是对前期学习经验的发展,内化为自己认识的基础。

学生知觉体验变量与改善的实验,以美术教育学、心理学、现象学理论为基础,基于实证研究方法,设立对照组,采用测试、问卷、访谈、叙事描述等综合调查方法,取得学生视知觉体验水平样本。根据样本资料分析美术课堂教学存在的问题,归纳造成学生知觉体验水平及美术表现行动能力低下的原因,推出促进学生美术学习中视觉意象性发展的有效教学模式。

(5)改变过去相关研究对美术课堂教学现象实证不足的状况。课堂并不是研究者掌握美术教学构成规律的客体,美术课堂是一个独特的文化环境,是研究者的一切想象与一切鲜明立场得以产生的场景。教师深入到学生潜在能力释放、美术知觉表达能力发展的本质根源——对学生知觉经验引导性改善的层面,经过教学实验,达成真正了解、分析、重构学生知觉意象性体验的美术课堂,形成可普遍推广的小学美术课堂有效教学模式。

(三)建立唤起视知觉体验的小学美术课堂有效教学模式

基于学生的心理生理特点,以感知觉的整体经验培育为出发点。从学生的学入手,针对美术学习的特性,由以下几方面建立学习模式:

(1)视知觉感受基础上的美术欣赏模式。
(2)美术观看中的语言思维描述模式。
(3)美术观看体验过程的表现转化模式。
(4)视知觉体验过程的思维方法迁移模式。

例如,对图像的知觉体验,可分为图片、生活物象、艺术作品图像、艺术作品展览等不同条件中的感受。即便是在多媒体的情境下欣赏图片、艺术作品图像,也要从知觉空间关系角度思考问题,引导学生对美术学习的理解走向深刻。

以视觉、触觉、听觉为主导的美术课堂学习的知觉体验,可从几个不同水平进行理解:

(1)学生先验的美术学科概念、元素及理论。
(2)学生生活经验及自身知觉的整体经验(过去有过的生活感受)。

(3)对美术作品、教学内容与形式的视知觉体验(当下、课堂上被教师与课题所激发出的、同时链接了第二条,被内化过的感悟)。

(4)最终的课堂表现及作业(学习目标的达成效果)。

这四个方面共同构成学生感知觉的空间思维方法。可见的空间有物象形态、色彩、遮挡、构成组合等,不可见的有意念、意象性、思维方法等。在生活里,人(小学生)对一个物体的各种感觉属性,共同构成同一个物体,如:城市街道上的公交车开来,视觉的感受上有形状、色彩、大小、体积、在街道环境中的关系等;听觉上的感受是汽车发动机在整个环境中的一种声响刺激;触觉上的感受是当乘坐公交车时所带来的对人身体的一种体验,等等。所以,知觉体验是一个整体的感觉。这个整体感觉首先是由视觉场的排列把人的目光引向这个物体的表面,人感觉到了公交车开来,因为,有一个存在场,视觉接受呈现的每一个现象,把作为知觉能力系统的人的身体向这个存在场集中。

(四)课堂教学设计方法

图构设计——以图片(图像)的关联性构成设计教学,加厚教材,选取局部点展开。

图解学习——知觉不同图片(图像)的关联性,由此迁移美术学科表现方法并尝试体验。

图思建立——在视知觉图像体验的基础上,建立和发展独立的视觉思维方法。

视觉语汇——现有的图像传达中的符号语汇,学生个体经过学习抽象并形成的对物象表达的视觉语汇,是个人素养基础上的综合表现能力所支持的语汇。

学生在美术活动中,需要建立空间知觉、符号知觉(视觉符号)、意象知觉、情感知觉等。由此,逐步形成艺术感。

美术课堂教学中,教师先不要空谈什么"美",要从学生的生活经验出发,知觉物象里的线、点、形式感、色彩,这其中,有许多属于美的要素,足以通过视知觉经验唤起来体悟,例如,节奏、韵律、对称、均衡、对比等。如,仅在"对比"这个概念中,可以包含疏密关系、黑白关系、冷暖关系、质量感的对比,由此,逐步达到艺术感觉,这个时候,方可知觉美,这是自己经验里已经有的东西,而不是笼罩在学生头上的概念。

学生视知觉经验唤起的美术课堂上,需要的是思维的聚合与扩散。聚合思维指的是,教师根据教学主题(图片、图像、美术作品、包括语言等),引导学生在美术观看基础上,先借用孩子们知觉经验里有过的知识,运用聚合思维的方法,引导学生不断地联想过去的事情,在联想过程中找到可以预见的某种结论,这是预设的。然后再运用扩散思维对少量异常的知觉进行反复刺激并研究,把过去经验里有的事物断开,在教师提示的图片等素材的基础上,导致一种不可预见的结论(表现性作业或观点),从而获得突破。创造性思维就是依据这两种思维类型构成的。

二、视觉图像感知教学

(一)美术学习中视知觉的感应性

"认知心理学家把大量的认知过程看作是'知觉的'……知觉过程是接纳感觉输入并将之转换为较抽象代码的过程。"[1]眼睛,作为人最主要的感觉器官,其知觉过程里,眼睛所感受到的信息是由视杆细胞和视锥细胞传递的神经信息并将其转换为一种代码,使人意识到对光、形态、颜色等有了一种心理经验,这个中介过程就是知觉的。视觉艺术作品、当代视觉文化中的网络图像信息,都是通过人的视觉系统而实现传播的。此接收过程,是在眼睛对图像的知觉里完成的。美术作为视觉艺术,是借助眼睛的感受与人发生审美关系的。人类的各种感觉器官中,视觉、听觉最

---

[1] [美]JohnB.Bset 著,黄希庭主译.认知心理学[M].北京:中国轻工业出版社,2000.

第四章 中小学美术教学的方法

为重要，它们在艺术审美过程的作用也是如此。美术依靠视觉活动实现其审美功能，视觉活动是人与外界建立联系，获取信息最为基本的方式。

当学生看到苗族刺绣（图 4-1），首先，颜色的对比形成强烈视觉刺激。同时，绣片局部，以龙凤形态为主题的视觉呈现，孩子眼睛感受的主色调为中黄色，形象有龙、凤鸟、蝴蝶等，各局部形态与色彩的分割，形成极其强烈的视觉刺激，这些刺激信息在被不同的学生接收过程里，被眼睛过滤了，而且是不同水平的过滤。这些刺激信息被贮存在神经系统的某个通道的感觉记忆中。课堂上教师呈现这一刺绣图片后，这种视觉刺激的记忆持续时间非常短暂，受到每个学生眼睛选择性的过滤，经过选择后的刺激信息沿着容量有限的神经通道转向了觉察器。所以，孩子们在接收苗族刺绣作品中这么多视觉图像信息的时候，要求其眼睛同时注意几种形态信息是非常不现实的。不同的学生有着自己不同的知觉，此刻的视觉反应，其"知晓"水平是这个学生选择性过滤器通过的视觉信息，没有通过的信息就被过滤掉了。因此，特别需要教师依据图像信息分解、分析的基础上设计教学，引导学生有针对性的视觉观看。在学习过程里，同学们针对苗族刺绣知觉后的集体性对话讨论，能够唤起学生个体视觉的再次注意，每次的信息输入经过转换后对学生的影响是不同的，所以，教师在美术课堂引导学生进行读图的时候，需要语言的帮助，使学生能够对教师所引导的图像产生兴趣，以便进行新的视觉注意。视觉是生物在进化过程中，在适应环境，争取自由生存的过程中不断发展、调整、进化的一种基本能力。人类的视觉基于生物视觉进化的进程，有着其独特的结构与功能。

在美术课堂教学中，教师要引导学生感知颜色特有的美感，及其在画面上的运用。经过这样的引导，学生眼睛（视觉）的敏感性得到强化，敏感的视觉可以生发联想。眼睛的敏感性促使在接收到刺激后，能够主动连接两个看似毫不相干事物的刺激，此种能力表现可以解释联想这个概念。学生的心理体验来自作品图像的色彩与形态给予的视觉刺激。联想是由经验所产生的,虽然学生们具有不同的生活经验,但是,一定会具有足够的相似经验来产生所共有的联想。

图 4-1　苗族刺绣

(二)视知觉感应中情感愉悦和文化接受

从人的心理活动发生角度看,感觉、情绪、感情、情感所指示的是不同的心理发生阶段。

艺术作品的知觉刺激,往往会引发人的某种情感,比如,在看电影、电视剧中,被剧情所感动流泪,这是情感的唤起。美术学习中,情感、态度、价值观的变化,也是由美术作品、艺术家生平、创作故事、美术课堂学习情境给予的知觉刺激,引起学生某种情感。

根据儿童心理学家皮亚杰的理论,人的一切行为或者是一切思维的目的,都是使有机体(人)以越来越满意的方式适应环境。而这种适应的技术,被皮亚杰称之为"图式"。一种图式,作为适应的技术来说,可能是生物的或心理的,或生物、心理二者的。[1]

---

[1] 中央教育科学研究所比较教育研究室编译. 简明国际教育百科全书——人的发展[M]. 北京:教育科学出版社,1989.

第四章 中小学美术教学的方法

因此,学生对自己眼睛感受体验到的反应概念也是一种图式。例如,当看到一幅绿色的、生机盎然的植物图片(像)或真实场景时,学生所产生的反应概念会有"生命""春天""清新""青翠"……而看到一幅秋天植物落叶的图片(像)时,所产生的反应概念就会有"枯萎""无奈""死亡孕育再生"等。这被皮亚杰称为是一种情感图式。人的这些心理反应总是被某种情感伴随着。但是,学生这方面的情感反应可能相应平淡一些,这是由于缺乏社会生活体验的缘故。美术学习,为丰富孩子们的情感提供了感受的平台。

作为视觉图像信息传达本身来说,互联网在全球迅速普及和不断技术创新,图像为人们的生活带来的影响是无所不在的。特别对于人的发展来说,其影响则是普通人所始料不及的,或者说认识不到的。生活中不同的图像对不同的人所产生的影响及反应概念,都被附着上不同的情感,学生的审美教育,必须由人的感知觉,特别是视觉(眼睛)感官的不同发现、接受、拒绝、默认等知觉反应的状态入手,找到解决学生审美经验、能力发展的根本因素。

由对图式的理解分析学生的视觉审美发展,依靠着一对叫作"同化与顺应"的知觉体验互补过程,在日益增长中使认识不断地精致化。这样一个互补过程,同化发生时,一个学生的眼睛在接受一幅新图像,视知觉思维将这个视觉经验解释为与自己心理动作的目录中已有的图式同一的或非常类似的图像。例如,叶子,是小孩子已经有的心理认知概念。又如,秋天的落叶,这一概念是学生已经存在心理认知概念,当再次看到它的时候,会立刻产生同一的心理认知经验解释。

学生的美术作品呈现的绿色、生机盎然的画面图像,所揭示出的学生审美发展,特别是具体到美术表现时审美感知的发展,其过程由以下的因素所影响和支配,一是家族的遗传性,也就是自身生理内部的逐步成熟,致使自身在画面处理中对水粉颜料表现技法的自信与能力把握水平;二是对客观世界的感觉经验,既有自然的,也有心理发展上的对绿色调的知觉度呈现与画面中的感觉；三是社会的传递，也就是通过美术课堂教学对其身心整体的影响与改变；四是身体感官知觉相互间的平衡，也就是自身协调的力量。学生的五种感觉器官在上述因素影响和支配下，多种能力整体的调节与补偿过程，是学生的审美感知觉整个系统发展所必需的调节。

当学生呈现"秋天的落叶"（图 4-2）这一主题。图片中特有的图像形态、线条、色彩、调子、结构、造型，这是取自雨后山路台阶上的落叶景致，走在山路上，缺乏发现的眼睛的人可能对此状态视而不见。当然，这样的画面选取后在课堂呈现时，没有与学生已经有过的关于"秋天的落叶"任何旧有图式的记忆之间产生良好的经验匹配。这个时候会发生两种情况，由于图像视觉接受的特殊性，学生或许根本就不理解自己所已经感知到摄影图片画面的视觉经验。例如，"你看到了什么？"这一课题教学中，学生对课堂呈现的水生植物图像无法辨认（图 4-3），不知道其应该归属于什么植物类型。当然，不认识这些水生植物，与城市学生缺乏生活感受很有关系。这个时候，学生必须改变已经有的视觉图式记忆，使其产生新的变式，再经过教师的视觉审美引导后的增加、改进和精致化的图式引导，理解后创造新式样的图像表达，这一过程被称为顺应。

图 4-2 秋天的落叶

第四章　中小学美术教学的方法

图 4-3　水生植物

摄影作品的视觉冲击,点燃孩子们的学习欲望心理,学生的情感在课堂里是这样被唤起的:"教学主题呈现的图式—学生已有的知识经验—视觉思维反应后的联结—关联性思考—积极的学习态度。"此知觉心理过程的转换,学生情感、态度发生变化是迟早的事情,而且这一情感发生可能非常强烈。这是艺术与自然生活、与科学关联的探究性情感。美术教学评价,不能只看表面的、可测量的所谓学科表现指标,最重要的是,教师能在课堂教学里敏感地发现和收集学生人文素养本质方面发生细微变化的案例,这是真正触及美术课堂教学有效性的学生审美心理研究。

视知觉感受与思维开启,对于学生课堂美术学习有效性的促进显而易见。一般教师认为,美术学科表现技能立刻能够展现出来的结果为学习有效,对视知觉感受与思维开启刺激学生身心发展的变量研究比较欠缺。而美术教学活动、美术教育对学生日后发展有一定影响的观点,一般又觉得定位太高、太虚无缥缈。教育、艺术教育是个慢工夫,是不能马上进行量化式测量的。但是,比较忽视教学有效性的评价,也就是对学生在课堂表现中的细节进行人文性的评价。这样的评价需要在心理学、美学、脑科学、文学等学科的支持下,进行教育叙事性的阐述,再联结上述多学科角度,提出综合性的反思论点。这样的评价才是体现美术课程对人的发展最有效教育的真实记录。这是基于鲜活的课堂教学实践，是最具个性化的艺术成长评价。

三、线描造型表现教学

线描是解决学生基本造型能力的表现性课程。单独将线描课程拎出来，作为一个课题研究，是美术课程中有较大难度的目标性研究。一旦在基层学校的美术课程里基本解决了这一教学难题，将对美术教育起到重大的推动作用。

线描课程的体系，按照以下三个目标要求完成：规格、表现、能力。

规格：在不同年龄段的学生中，设置相应规格要求的线描表现课程，以适应该年龄段孩子基本造型能力提升的需要。

表现：线描的学习旨在不断延续学生造型的表现力，这样才能保证学生能够在较长的时间里保持学习兴趣。表现的多样性在于：形态、肌理、韵律、节奏、工具材料多样运用。

能力：看（观察）、想、表现能力的具体落实。学生美术造型能力的形成，基于看（观察）的方法、想（思维）的高度和表现的实现。因此，三者的贯通是学生线描造型能力达成的关键。

课程实施：与现行学生美术课程同步交叉进行，安排专题时间进行学习。

具体内容包括：认识线条，线由哪里来；如何构成线条；如何用线条表达自己想塑造的物体（事物、故事）等。学习内容由观察联想、观察写生、综合联想、主题写生组成。

学生的美术学习，需要回到感觉形态的原点上。例如，在线描课中，一开始进行教学导入时，可以发放给学生一些线绳，最好是毛线、粗麻绳或者粗棉线，甚至可以是稻草。然后教师启发学生"感觉"这些材料物质的特性，将其编织成线绳。再继续地引导学生用线绳进行缠绕与编织，由此，引申出线描表现的学习。

第四章　中小学美术教学的方法

第三节　不同美术门类的教学

一、绘画教学

绘画教学虽然是独立的,却又与其他门类,如设计等相交集,因此绘画教学带有基础性质。绘画教学的关键是促进学生两个方面的发展:一是绘画的语言,二是表现的能力。

绘画教学包含的种类非常多,由于中外绘画艺术内涵丰富,门类众多,在教学过程中可以根据实际情况,对中国传统水墨画、水彩画、油画、素描、版画等分别进行介绍,同时对绘画理论和技巧进行学习。

二、设计与工艺教学

设计与工艺的教学在美术教育中属于"设计·应用"学习领域。设计与工艺教学首先应该让学生明白功能目的,也就是说应该让学生明白设计与工艺是为了满足人的精神和物质需要,而非如绘画那样可以是个人思想和情感的自由表达。所以,学生在设计和制作的时候,必须有明确的功能目的,并以此决定形态、结构、色彩、材质等方面的选择。不仅如此,学生在进行设计和工艺学习的时候,还必须伴随有文化态度、精神品质、环保与节能意识等方面的思考。设计与工艺的教学要帮助学生初步确立设计意识;感受各种材料的特性,提高动手能力;提高审美评价能力;形成良好的计划与工作态度。

在很多版本的教材中,都设立了板材插接的课题。其基本的能力要求是,"插接构成"思维方法与表现应用的学习。吹塑纸是一种随处都可以找到的材料,适合于"插接构成"。

将吹塑纸分别切割成多种基本形,无论是正方形、长方形、圆形、三角形等比较规则的几何形,还是较规则的具象形都可以进行自由的组合。这种由平面到立体的构成练习,实际上依然是让学生理解材料结构的改变导致产生新的设计的原理。

针对不同形状平面材料的局部切割,以及在切割后的自由想象式插接,实际操作中就是在平面的吹塑纸上进行有规律的表面切缝,将两片面材通过变换平面角度进行对插,形成立体结构。学生对这样的结构变化能够产生新的联想,在这些基本形状的启发下还能够发展出新创意和新的思考。

总之,在设计与工艺教学中,教师需要坚持与学生实际生活经验相联系,如插接彩球的制作活动与我国民间绣球、民间工艺草编球相联系。这样可以增加学习的趣味,让学生知道抽象的设计和构成,以及与现实生活中的物体的关系。另外,还要引导学生关注设计与工艺在生活中的功能目的,并用以美化自己的生活,满足自己、他人乃至社会的物质和精神的需要。

三、陶艺与雕塑教学

陶艺教学越来越普及,并积累了丰富的经验。陶艺与雕塑教学在美术教育中归属于"造型·表现"领域。

(一)陶艺教学的要点

1. 陶艺表现的学科元素

构成陶艺表现的基本材料是泥巴。

泥球、泥条、泥板,是泥巴造型的基本元素。教师进行陶艺教学设计,必须围绕这三个元素的造型练习展开,帮助学生领悟这三个基本元素的变化,是形成陶艺造型丰富性的基本原因,并学会在实践中加以灵活的组合变化,形成不同的创意,完成各异的造型。

2. 限制性表现到综合运用

在泥球、泥条、泥板这三个泥巴造型基本元素的塑造中培养学生的造型能力的方法主要有两种:限制性表现和综合运用。

(1)限制性表现

限制性表现可以设计若干课时的教学,分别安排泥球造型、泥条造型及泥板造型。所谓的限制性,是在每个要素造型练习过程中不能使用其他要素。如在用泥球造型练习的课时中,无论塑造什么主题的形态,只能够用泥球,以此激发学生的设计思维,形成造型特点。在泥条、泥板造型课时中也是同样,学生只能用一个要素来造型。经过若干课时的练习,学生的造型能力会显而易见地提高。

(2)综合造型

综合造型则是在限制性造型练习的基础之上,将各种造型综合加以运用,充分发挥学生的创造能力,使造型变得更加丰富。综合造型也需要循序渐进地进行。如可先将泥球与泥条进行综合运用,暂时不纳入泥板造型,然后再进行泥球与泥板的综合,最终达成三个要素表现的综合运用。

(二)雕塑教学的要点

雕塑模块教学,各种常用专业雕塑材质在实际教学运用中存在许多问题,大多数学校不太可能给同学们提供很专业的雕塑工具和材料制作石雕和木雕,雕塑材质要求给很多缺乏条件的学校开课带来困难。因此,雕塑模块教学,材料依旧要本着方便易得、价廉物美的原则。雕塑表现的教学涉及的材料不仅有泥巴,还有废旧纸张、纸箱、丢弃的泡沫材料、绳材、纺织物材料、金属材料,甚至包括所有可以利用的生活里的物品。

1. 材料的选择

如可尝试用报纸做成纸浆代替陶泥制作雕塑。纸浆来源为废报纸或废纸,方法是用水浸泡,泡软后通过搅拌、捶打,制成浆后备用。这一材料的开发,需要加入白乳胶保证纸浆干后有一定的硬度,才得以保存。白乳胶用量需注意,多了,黏手,不方便造型;少了,作品干后局部会出现爆裂,甚至脱落。纸浆的干湿程度以黏合而不黏手为宜,其干湿程度及细腻程度将直接影响作品的效果。利用纸浆为材料做雕塑,可以得到外表细腻柔和与粗糙两种作品效果。用此方法完成作品,只需要购买白乳胶和铁线,成本低廉。

2. 由雕塑鉴赏到尝试性表现

中国古代雕塑不同于西方雕塑,具有明显的绘画性。中国古代雕塑与绘画是同胞兄弟,都孕育于原始工艺美术。从彩陶时代起,塑绘便互相补充、紧密结合。到二者都成熟之后,仍然"塑形绘质",在雕塑上加彩(专业术语称作"妆銮")以提高雕塑的表现能力。现存的历代雕塑,有许多就是妆銮过的泥塑、石刻和木雕。

古希腊雕塑重视人体,将神塑造成完美的有血有肉的人。他们崇拜神,也崇拜和神一般完美的英雄,塑造出供人膜拜瞻仰的偶像和纪念像。这一传统在西方世代相传,成为一种纯粹的雕塑艺术。对中西方雕塑的鉴赏要求是,了解中西方雕塑的杰出代表及艺术特征,能分析和鉴赏中西方雕塑作品的艺术风貌,能够比较、分析进而识别重要神像雕塑作品的风格特点及时代特征。

四、书法与篆刻教学

书法与篆刻,作为中国特有的艺术形式,不仅承载着中国优秀的传统文化,而且也形成了中国人独特的审美趣味和品质。

(一)书法、篆刻教学的基础:鉴赏学习

书法与篆刻学习活动中,美术教师仍要以鉴赏学习为先导,通过鉴赏书法、篆刻作品,引导学生从中体会、品味书法、篆刻作品之美感,提高学生对书法、篆刻的审美能力,加深对书法、篆刻作品中的意蕴、审美趣味的认识与理解。形成相应的审美、评鉴的眼光对学习书法、篆刻具有基础性和引导性的作用,不仅能激发学生书法、篆刻学习的愿望,而且可以在技法的学习上给学生提供进步的方向。

欣赏书法、篆刻作品,不同年龄段的学生需要选择不同类型的作品。我国优秀的书法、篆刻作品很多,仅仅讲楷书,就分为晋楷、魏楷、中唐楷三大体系。如何选择欣赏作品需要教师认真研究。再如,隶书,著名的汉碑有《礼器碑》《曹全碑》《乙瑛碑》《石门颂》等。这些碑帖法度严谨,风格多样,是汉碑中比较有代表性的作品。在欣赏课前的备课中,这些作品欣赏的选择也需要研究。

(二)书法、篆刻教学的手段:贴近学生的心理发展规律

美术教师在研究书法、篆刻教学的时候,特别需要关注如何使自己的教学更贴近学生的心理发展规律。如果书法教学在课堂上就单纯安排一节 40 分钟的课让学生写某种书体的字,这样的教学不仅教学效果不理想,而且也无法更明确地体现中国艺术里书画同源的思想。所以,如何使书法教学持续地在学生中形成某项学习态势,值得美术教师深入思考。

篆刻教学也是这样,一般情况下的篆刻教学,为了保证教学中的安全性,考虑到学生的实际情况,美术教师可以采用透明肥皂、石膏板、萝卜等替代材料。这样的教学是以"刻什么"内容的字或者"肖形"为目标的,教学顺序比较单一。

五、美术欣赏教学

(一)美术欣赏的内涵

美术欣赏涉及三方面:一是感受自然美,二是了解美术作品的题材、主题、形式、风格与流派,三是知道重要的美术家和美术

作品,以及美术与生活、历史、文化的关系。① 基于这三个方面的学习,学生才能初步形成审美判断能力。学生具备了基本的知觉水平,就能够在文化情境中认识美术。

对以往小学到高中阶段美术欣赏(鉴赏)教学的检讨,涉及三方面的问题:

第一,美术欣赏的过程并不是在课堂上简单地看看艺术作品与图片。

第二,对任何事物的欣赏,都伴随着对这一事物的"评价"和对其价值的感觉和感受,因此,欣赏与批评不可分离。

第三,美术课堂上,学生对美术作品的感觉也许是骤然闪现,但其背后却是一个长期坚持的和经过教师有针对性指点的学习过程。

美术课堂上任何图像的视觉呈现,都属于欣赏范畴的视知觉影响。例如,教师的示范画(哪怕是不恰当的示范),也给学生的视知觉感受带来不可替代的影响。视觉欣赏决定学生眼光;眼光水平高低,决定学生作品表现的格调。作为视觉艺术特征,美术学习首先需要改善学生的眼光。因此,美术欣赏在美术学习中的核心地位是不可撼动的。在一般状态下的欣赏学习,教师采用单纯讲述式的教学,势必忽略对学生的视知觉引导,缺乏视觉自主感受的学生,在课堂中沦为被动接受某种美术知识的客体,教师成为课堂上"真理的化身"。这种违背学生知觉能力水平的教学状态急需要改善。

历史上,中外美术所有的美术作品,均以不同的视觉图式影响着社会审美。小学到高中的美术教学设计与实施,需要教师由视觉图式研究的高度认识教学,这样才能真正解决学生美术(审美、创新)能力发展的问题。

---

① 颜铭芳. 认识美 欣赏美 感受美——小学美术课程欣赏教学的几点思考[J]. 画刊(学校艺术教育),2013(06).

第四章　中小学美术教学的方法

(二)由概念辨析到图像释读

美术欣赏教学中，教师需要思考与研究的问题涉及美术教育观念、教学设计与实施两方面。

首先，"美术"这个词语本身的演变。"美术"这个词为近代的舶来品，有其特殊的历史渊源与含义，从日本传到中国后，给艺术创作规定了一套规则和目的。在中国近代，胡佩衡、鲁迅、蔡元培三位学者，对于"美术"的论点都将美术的发展描述为一部"美的历程"。例如，胡佩衡"所谓美术者，则固以传美为事"。又如鲁迅的"美术为词，中国古所不道，此之所用，译自英之爱忒（ART）"。再如，蔡元培"以美育代宗教"的号召。唯有丰子恺先生独具前瞻性的思考，提出美术是"视觉的粮食"论点。他认为"世间一切美术的建设与企图，无非为了追求视觉的慰藉""故美术可说是视觉的粮食"。

其次，由美术关系到美术史的范围与内涵。教师在研究美术欣赏教学的时候，需要以个人美术史知识的学习基础统领美术欣赏教学的思考为出发点。这个学科发展的过程，有着不断变化的内涵，包括研究对象和问题、对材料的分类和所采用的分析模式等，都影响到了对"美术""艺术家"这些基本概念的理解。如，在中国，为了观赏而创作的艺术品和创作这类艺术品的艺术家均出现在魏晋时期，而在此之前的青铜器、玉器以及画像石、帛画等作品，首先是为了利益和实用的目的而制作的，但这些创作者大都是无名工匠。

当今的美术史研究，把大量"非美术"的视觉材料纳入以往美术史的神圣领地里，包括任何与视觉形象有关的现象（日常服饰、商业广告等），也都成为美术史研究的对象。因此，教师在考虑美术欣赏问题的时候，需要对这些因素加以思考或研究。这说明，今天的美术教学与研究需要"跨学科"，而且要处于不断和其他人文学科互动关联之中才能有所把握。

以《富春山居图》（图 4-4）为例，欣赏教学时，教师需要考虑作

149

品涉及的美术史知识、文化知识、元代的历史背景、画家本身仕途不如意等方面的背景材料。再深入一点儿,要涉及元代将人分成若干等级(蒙古人为一等,色目人为二等,北方汉人为三等,南方人为四等),黄公望作为四等人,其社会地位造成的心理上的压抑,都对他在作品中如何表现形成重要影响。他为什么这样画?这样画寄托了何种情感?这些因素相互关联,反映到画面上,形成了什么样的视觉图式,今天的学生如何对此有所感悟?由此作品的分析可见,如今的"美术"概念,是一个以视觉形象为中心、融汇各种学科兴趣、研究方法的互动场所。美术欣赏教学需要以视觉思维引领,学习图像传达与交流的方法、形成视觉文化的意识。

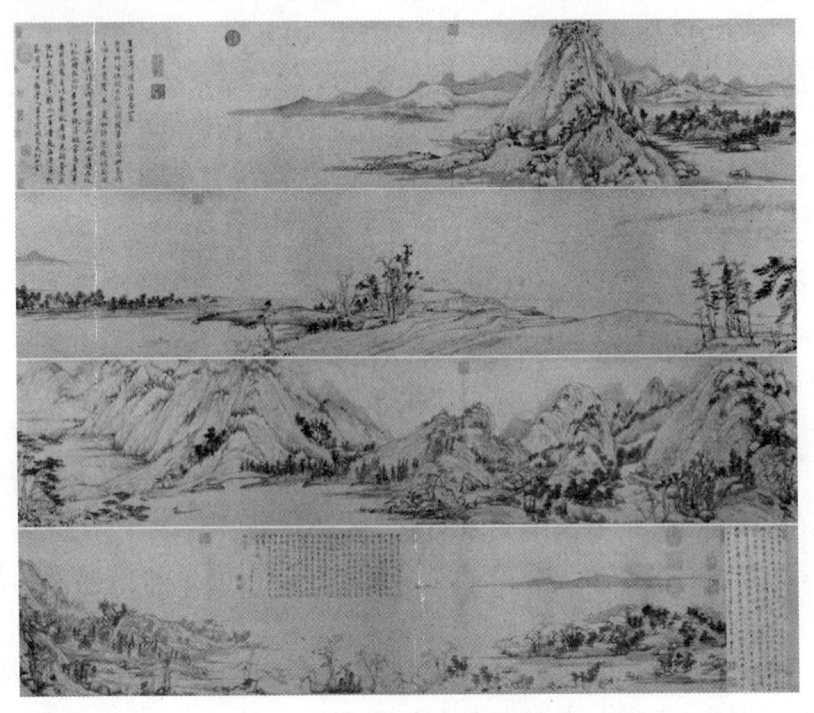

图 4-4　黄公望《富春山居图》

1. 视觉观看

当代美术对"视觉"有着强烈的兴趣,这既与国际接轨(视觉艺术的概念),又是特定的历史现象,这与传统的架上绘画、现代社会美术馆(博物馆)普及、认知心理学分析在人文、社会科学研

第四章 中小学美术教学的方法

究中的强烈影响息息相关。说到传统的架上绘画,西方绘画很容易理解,如,所有学生都熟悉达·芬奇作品《蒙娜丽莎》。架上绘画在中国的对应物,应该特指独立的、中国传统的卷轴画。无论西方绘画,还是中国传统的卷轴画,其本质是架上绘画,是为了观看的需要而创造的艺术形式。美术欣赏教学如果具体到以一个画家的架上绘画作品作为欣赏主题的时候,需要由研究视觉观看的角度出发,来思考课堂教学究竟如何实施,也就是如何进行视觉观看。

下面以《富春山居图》为例,进行视觉观看分析。《富春山居图》由现存图卷看,画是由宁静(段落"河岸")开始,前景树木与远山是极其平淡的江南风光。接下来能够看到一座山峰,与其他两座一样,高耸状态,窜入图卷上端,将画面分成数段。它先向右弯,继续前进时再向左倾斜,中间夹有山谷,谷中有一些富裕隐者的重楼。山脊正面的斜坡是一簇簇黑色树林、鼓凸的圆石头。此处的笔触比较松散,有体积量感。作品展现了黄公望在画论中的母题与技法:淡墨上添浓墨,山坡与山峰的"矾头"、山麓下的沙、山形之间仿佛相互承转,增添画面的生气。建筑、桥梁、船只、小径、人物等作点缀用。越过山脊,又一座山谷,俊俏的山峰环侍;河流中穿,能够看到一条小径,画家显然没有画完,上方斜坡是由干笔绘出的岩石,右方的河流与小道皆如此。前景树丛清晰,姿态、类型互异,均如画家的画论所言。相反的河流左岸的树木用湿笔浓墨处理,这两组树木显示了"有笔""有墨"的差别。山谷深处同样以干笔和湿笔对比,以此区分出景物远近(感觉);在全画面中,只是此处有烟霭,其他部分天晴气朗。

2. 功能需要

由艺术作品创作的功能角度分析,架上绘画这种独立的艺术形式产生以前或之后多少世纪的历史,无数艺术品的首要目的、功能需要并不是被实际观看或欣赏。例如,到过欧洲的人都晓得,精彩的各大教堂建筑以及上面的雕像、雕刻、画像、彩色玻璃等,虽然极其美妙,但是,当人从地面仰望,几不可见,其最重要的功能在于礼仪。又如,敦煌、麦积山石窟里辉煌的壁画与雕塑,联想在千年之前的点点烛光之下,那些进香人只能看到烛光所及的某一片画面隐约的形态,这证明其功能首先也不是观赏。还如,墓葬出土的大量艺术精品,无论壁画、雕塑、器物,在入葬过程中可能被某些人看到,但墓穴门一关,观者只能是意念中死者的灵魂。因此,创造这些艺术品的第一功能,并不是由视觉思维的角度,不是先为了看,而是先为了葬的礼数。足够证据说明,古人在创造佛教艺术和墓葬艺术时,意识上所遵循的并不是"视觉"概念。造墓者强调的是"制作、技艺之精湛",而非是"观看"。所以,由先秦开始,墓室中的艺术创作被称为"藏"。

3. 图像传达

中国传统语汇中"图像"这个词语,至少从汉代起就具有和英文 image 类似的含义,"图像"一词指对人物形象的复制与再现,如《论衡·雷虚》《后汉书·叔先雄传》等文献都有记载。在公元 3 世纪,卫操这个人说得更明白简洁:"刊石纪功,图像存形"(《恒帝功德颂碑》),把图像和文字作为两种记录现实的基本手段。

教师需要特别明白一个问题:"图像"或者英文 image,局限地意为对现实的再现,这个词语比较适合于指涉具有写实风格的绘画、雕塑。但是,现代、当代艺术及其研究绝不止艺术再现,且还包括大量非再现类型的视觉形象。所以,美术欣赏教学就不能仅仅由图像本身考虑问题,而应该将历史、画家的风格和流派、表现方式、整体的文化等因素综合在一起思考。美术欣赏的问题是,普通学生的眼睛,特别是没有受到系统视觉审美发现培育的广大民众们,他们的眼睛总是以现实生活里的物象形态来"度(量)"自己看到的美术作品,在当今视觉图像信息传达时代,他们则喜欢用摄影图片来"度(量)""画",他们的心理知觉状态非常符合"图像"这个词语的本义。教师不能责怪他们存在这样的认知心理,美术欣赏课最重要的一个具体任务,就是改变学生的视知觉感受方式,引导他们学会艺术地"看"。

4. 教学难点

一般课堂教学中,美术教师没有办法到现场(美术馆)具体研究一幅艺术家作品,只有依靠美术史的文献资料,围绕教学主题对某件作品进行解析。教师在研究美术史图片(作品图像)资源后,课堂教学中语言的讲授成为传递美术学科知识的主要方式,美术课堂教学究竟是以"语言为基础",还是以"视觉为基础"?如何实施好美术欣赏教学,培养学生的美术欣赏能力,是中小学美术教师们面临的重要难题。学校美术欣赏教学方式,最原始的手段是用幻灯机放映图片给学生看,由教师讲述。电脑多媒体教学设备普及后,教师基本采用PPT演示文本放映结合教师讲述的方式。但仅仅用单纯放图片、讲故事的教学手段,制约美术欣赏课堂对美术形式语言的分析与知觉。课堂教学里看一幅或几幅作品,提升学生美术观看能力过程,不能把对某件美术作品的分析以及发现这幅作品中的美混为一谈。在美术欣赏教学里,仅仅理解作品的意思,还不等于完成了对作品的解释,要将分析结果综合、组织起来,在对作品画面视觉感受的基础上,向作品释放出的美的精神攀登,这样的过程才是美术欣赏学习中的解释。要想发现美术作品中的价值,前提是对作品的视知觉体验。当然,在美术课堂上,大多数情况下不可能进行直接面对原作的体验,但是,教师至少需要引导学生具备在视知觉分析体验的基础上,产生对作品感悟所需要的理解力。例如,在中国画的美术欣赏中,如果将笔墨表现作为欣赏和分析的对象,绘画形象就愈趋独立,就可能脱离承载它的卷轴和册页。问题,由此是否能判定作品的社会性、精神、文化、经济价值,观赏、流通价值呢?

5. 改善思路

历史空间与视觉传达如何结合,图像资源(美术作品、摄影图片)以PPT演示文本的传递方式呈现,改变了美术课堂教学形式。美术欣赏中所谓的解释,就好比对话。要想了解一幅作品的价值、作品的美等方面的意义,首先是学生的眼睛在辨别作品过程中与自己内心进行对话。对话离不开分析,欣赏过程中的学生个体由于发现了某件作品中所蕴含的价值,才深化了与自己体验的对话。所谓的分析,是需要眼睛对构成作品视觉图式知觉的基础上进行具体分析,从中发现作品蕴含的形式要素、美术表现元素,再由此深入到对作品的理解水平上。但是,在课堂里仅让学生观看演示文稿(PPT)呈现出是幅幅作品的整个画面,是无法具体分析作品和形成独立观点的。此问题的解决方法,基于当今时代数码技术、电脑软件异常发达,方便、拓展了教师的教学设计。教师采用对美术作品、摄影图片进行图像解构的方式,借助现代技术对作品进行视觉元素的转译分析,由此构成教学设计演示文本课件。

(三)思维方法的开启与引导

中小学美术"造型·表现"学习领域的教学活动课时量非常大。但是,相当多本领域的教学行为往往限制了学生的思维发展,原因有二:第一,学生不知道如何进行美术观看,造型表现的思维方法错误;第二,单一临摹式教学长期统治课堂学习。改变学生美术观看的思维方法,是造型表现中的首要任务。造型表现的教学绝不是教师按照顺序教学生第一笔如何画,第二笔怎么落墨。技能操作的程序固然需要,但更需要在美术观看思维方法开启的基础上,学生自主探究美术造型表现的个人语言。学生美术表现的水平,最终归结于美术欣赏学习的基础,涉及随堂欣赏学习有效性的问题。

奥地利著名哲学家胡塞尔针对人如何知觉图像问题曾展开过深入研究。用胡塞尔的观点来分析学生的表现,儿童画面呈现出的表现头像的画面,这一"建立在感性感觉之上的立义不是一个单纯的感知立义,它具有一种变化了的特征,即通过相似性来展示的特征,在图像中的观看的特征"[1]。课堂上的美术观看,教师针对学生认识、理解的作品欣赏,虽然已经具有了器官的感觉

---

[1] 倪梁康.图像意识的现象学[J].南京大学学报(哲学人文科学·社会科学版),2001(01).

第四章　中小学美术教学的方法

感性和感知立义,但我们会把这些通过眼睛而感觉到的,立义为某种展示性的东西,是在这位学生思想意识里所产生的东西。对此心理行为胡塞尔认为,视觉感受到的图像显现"不是'普通的'事物显现",而是一种"感知性的想象"。怎么样理解这个"感知性的想象"呢?美术课堂上,任何由教师所呈现的图像,在引起学生视觉感受的时候,其图像显现的都"不是'普通的'事物显现",即便是最简单的树叶、花草、山坡、水塘图片,不同的学生在知觉其图像的过程里,都能够产生一种基于自己文化基础与理解认识背景的"感知性的想象"。这个学生对模特头部动态的表现理解,由教师呈现的图像及语言启发引导后,构成了这个学生对美术作品、对图像的知觉体验过程。

审美,对于美术教师来说,是最熟悉的词语及概念。在基层美术教学现场,几乎所有的教师都将审美一词挂在自己的嘴边,都将对美的追求和引导作为自己教学的目标之一,并以对美的认识作为个人教学设计的基础。但是,学校美术课堂如何实施审美教学?与教师的读书水平、思考力度息息相关。美学,这个看似神秘的学问,究竟离教师有多远,究竟与美术课堂教学是什么样的关系,决定了这个命题的讨论深度。

1. 倾听与对话,唤起学生知觉经验的当下感知和体验

美术教学设计与课堂实施中的美学诠释,带来的启示为,赋予美学意义的美术课堂,是教师对一件(幅)艺术作品内在含义的深刻理解和多元阐释。例如,教学对吴冠中先生作品《春如线》的解读,目标在于引导学生理解作品为什么用线条及色点进行表现,吴冠中先生用线条所揭示出的春天"如线"之感觉,可称之为艺术作品的"真理",也即是《春如线》系列作品所蕴含的深层内涵。没有深刻揭示或根本没有揭示《春如线》中蕴含的"意义"或"意蕴"的美术课堂,实际上无法达到教学有效性。

线条,是学生眼睛所看到的表面符号与画作表现形式共同的构成体,用线条表达春天动态的、变化的、生命运动的意义,是吴

冠中作品中本质的东西,涉及人的生存和存在。然而,这一看似无形的东西却深深地隐蔽在作品深层,等待着欣赏者(学生)群体在解读作品过程主动阐释。学生对春天的理解,是由个体经验的、回忆中的春天真实物象起步,通过教师的引领,转化为对线条构成的、符号的、抽象的《春如线》的情感体验。这是本课教学的核心意义,也是本课中需要给予浓墨渲染的学习环节。艺术作品之所以成为艺术作品,正是因为其"真理"是被放置于作品表象背后。教学中给学生欣赏的5幅《春如线》作品,教学导入时听赏的器乐曲片段,均是启发学生在知觉作品表征背后进行反思,引导学生们逐渐发现其背后隐藏的东西。例如,器乐曲的不同旋律、节奏、音色背后隐藏的不同的情感之线,学生用线条画出来的是符号状态的呈现,但所揭示的是作品背后更深刻的东西。又如,《春如线》画作表面呈现的状态,让学生们普遍认为"乱",被孩子们叫作"乱线春天"或"乱画春天",而其看上去乱之线条的画面背后,却隐藏着艺术家吴冠中先生所赋予春天的深刻意义。

当美术课堂教学,能够通过对艺术家作品的美学诠释,使艺术家所创造的这另一个"世界"凸现出来[①],显露在学生们面前,能够使《春如线》系列作品这一存在物中被遮蔽的真理敞开时,美就产生了,学生对美的认识由此升华。这样的课堂教学论证:美是"敞开发生的真理的一种方式"。如果说美是一种形式的话,如果说艺术作品《春如线》的形式美感是吴冠中先生独特的感悟所创造的话,那么,美术课堂上学生的审美情感发生,就是从真理的显现(教师与学生共同用美学的诠释方法)中获得光辉的。

2. 现实到意象,学生视知觉体验美的路径

美术课堂上学生的审美知觉变量达成,需要教师引导学生掌握并运用视觉思维辩证发展的方法,找到学生视知觉审美体验方式改变的路径。如,教学开始之前,学生们对春天的基本认识,是

---

① 于润洋.从海德格尔阐释梵·高的《农鞋》所想到的[J].人民音乐,2002(05).

第四章 中小学美术教学的方法

在知觉现实物象(春天这个季节的事物)。课堂上教师对孩子们知觉经验的唤起,是以学生们对春天已经有的感性经验为出发点,针对吴冠中作品《春如线》所呈现的画面感受进行探讨。进行审美学习探究的目标为,学生"经验观点"要与艺术家"理念观点"发生辩证统一的心理契合。学生们对春天现实事物的基本认识,与美学史上著名的艺术"模仿说"有关系。"模仿说"不仅在美学史上影响很大,而且对学生们视觉认识的前概念形成影响很大。

本教学要达成的目标之一,是通过课堂里的对话、讨论、探究,使学生自身存在的对美术表现认识的"逼真与写实"性的前概念能够在课堂上产生分化,启发学生们初步理解一个道理,艺术家的创作源于生活经验的感受,同时又与自身主观理性表现之间要达到某种统一。例如,吴冠中作品《春如线》的画面形式再现了艺术家自己的思想。理解了这一道理,学生们能够知道,艺术家吴冠中通过艺术创作实践,他的作品对外在事物(春天)刻下了自己的烙印,(春如线)系列作品消除了自己同外在事物(春天)的隔阂,吴冠中把他感受到的春天环境"人化了",他的创作审美过程是"物我合一"的。这样的认识高度,是通过课堂教学使学生达成的基本了解与知觉水平,由此形成学生们视知觉初步的审美体验新方法。这样的课堂教学思维路径,丰富了学生们的审美知觉经验,既基本了解艺术创作的自觉性,艺术家通过作品能够使观者意识到作品表达了艺术家的愿望、意志,又达成学生审美感受过程其知觉经验的唤起,要与美术教师所引导的理念统一的辩证思维方法。

3. 图解图构,课堂上不要空洞地去说"美"

常态的美术教学设计,教师们往往不自觉地就将"审美"二字冠以为美术教育理论,用以论证自己的教学,在课堂教学里,又会将"美不美呀"这样的提问挂在自己嘴边。殊不知,这是课堂教学里特别不应该做的事情。课堂上作品的欣赏环节,如果教师仅仅是让学生们"看作品",单凭表面去看是无法察觉到美术作品深刻意义的。假如课堂上欣赏吴冠中作品的时候,学生们眼睛此刻的看只涉及画面外在的形式,如果仅仅是看,这些学生们的情感也只在作品这种外在的表面上活动。

面对美术欣赏学习现状,在视觉图像信息与知识传播网络形式完全占领人们生活环境的时代,教师在一个课题的教学设计开始之前,需要将本课题所准备欣赏的美术作品进行图解图构的技术性处理,其关键是要通过处理图像的方法,教师对具体的艺术作品、摄影图片提出自己有针对性的批评(解释),其目的是,要从教学引领的原则上证明一个更明确的判断,即教师自己对艺术作品的基本理解。过去时代的美术课堂缺乏这种解释的条件,也无法比较顺畅地将艺术作品按照图像归类的方式进行特殊处理。这样处理与设计的目的在于,由分解作品图像的方法及形式,提高课堂上学生视知觉感受的效度,促使学生一般鉴赏力的修养水平发生较有成效的改变。

当学生们的眼睛在感受被教师用电脑技术分解了的作品图像后,课堂上引申出的问题开始深化。例如,《春如线》作品本身比外在的、无心灵的春天更接近于艺术家心灵和他的思想。在《春如线》中,艺术家吴冠中对春天的心灵感受充分地蕴含在其构成形式的每个细节里,线条的"乱",色彩点状的泼洒,所构成的作品表征本身是美的概念与形式,由它自身出发的诠释性发展需要美术课堂上师生共同的演绎。学生们是由以往对抽象美的概念不甚理解,经由对话、讨论、抢答的探究,既感悟到春天这个季节感性事物外化的外形,又能够经过对作品分析后思维提升的引领,把自己的心灵渗透到春天这个感性事物里去。由此,课堂上师生共同的美学诠释,体会到艺术作品要比外在的无心灵的自然景物更接近于自己的心灵与思想,学生们此刻的审美发生,是在艺术作品《春如线》心灵思考的启迪下,释放"其本来睡着的情绪、愿望和情欲,使他们再活跃起来,把心填满"。

第四章　中小学美术教学的方法

　　可见,研究性教学所展开的美学阐释本身就是一首"诗","美"此刻闪烁着其耀眼的光辉,教学永远是鲜活的和生长的。那么,美术课堂又如何能实现审美"存在"的显露呢?换句话说,"明确的预定目标以及对预定目标的达成"这样的课堂教学要求,还能简单地把其作为一堂"好课"的评价标准吗?即便是传递式的美术课堂教学,哪怕你所传递的美术知识技能是最好的,也同样蕴含着有待学生自主理解后去显露其"存在"的"真理"或"意蕴"的领悟过程。

内蒙古小学三年级学生共同绘画作品

第四章 中小学美术教学的方法

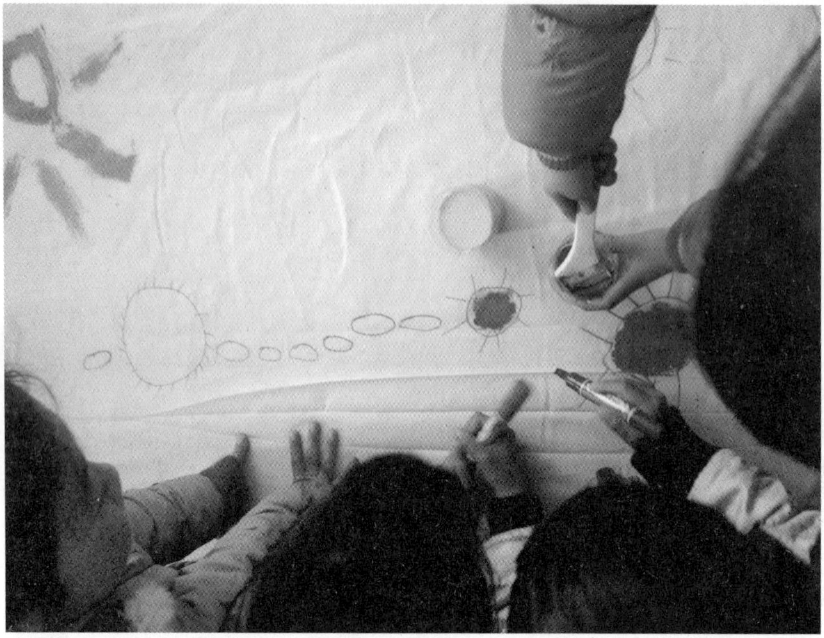

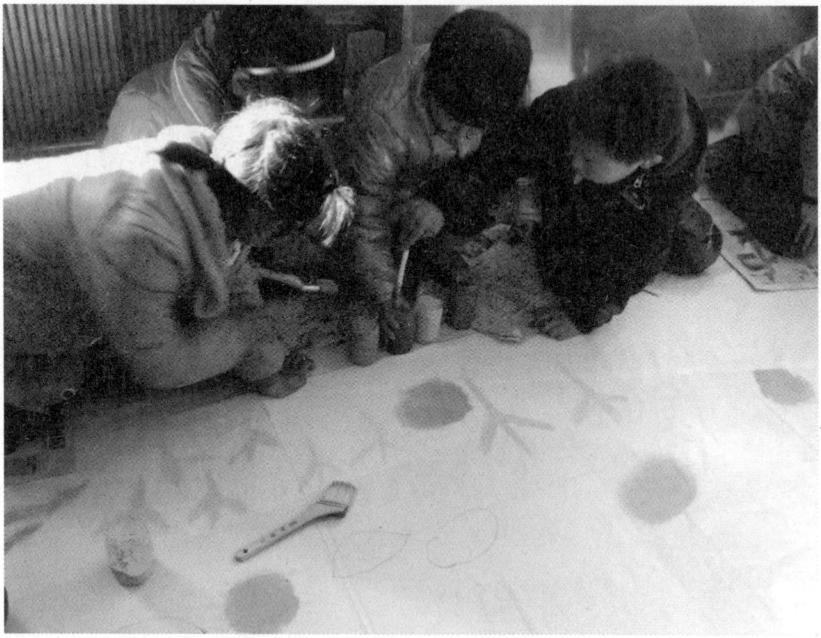

第四章　中小学美术教学的方法

中小学美术教育的理论研究与实践探索

第四章　中小学美术教学的方法

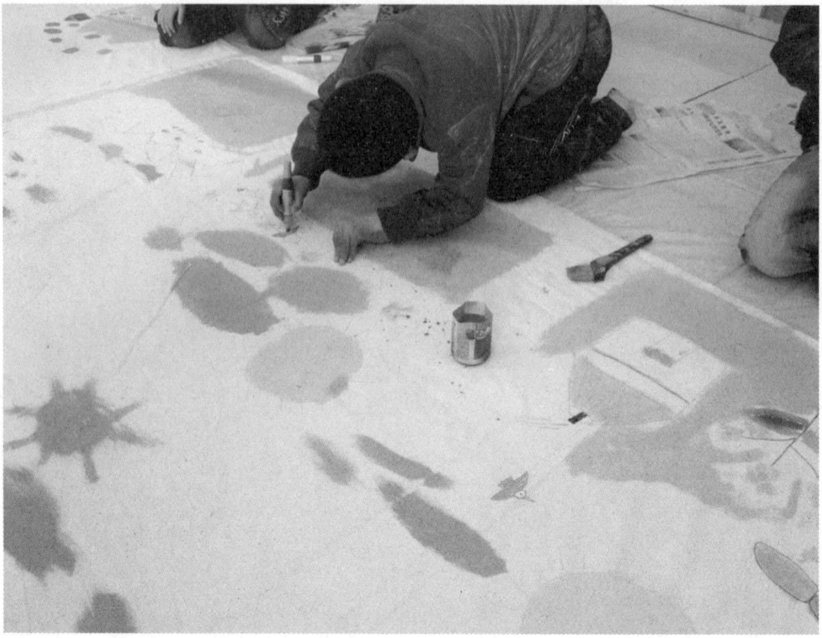

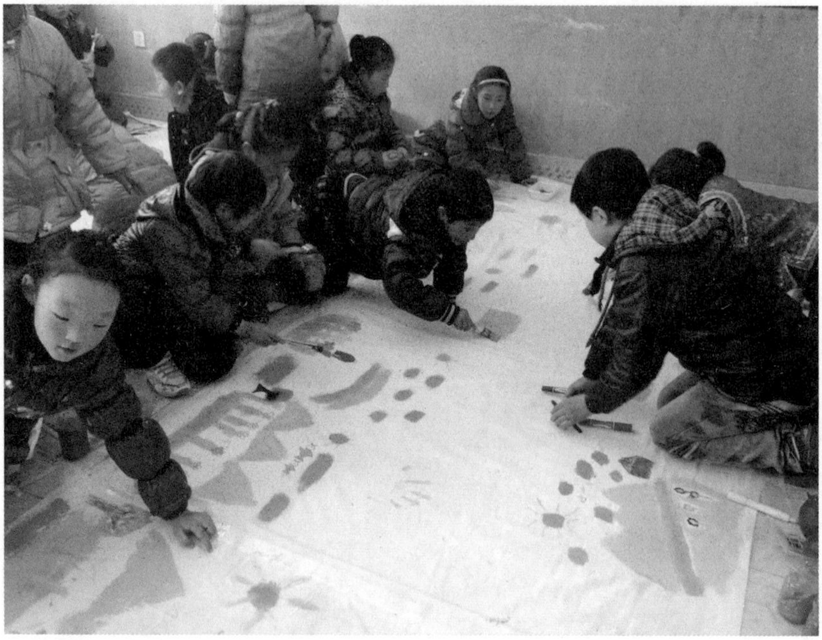

第四章 中小学美术教学的方法

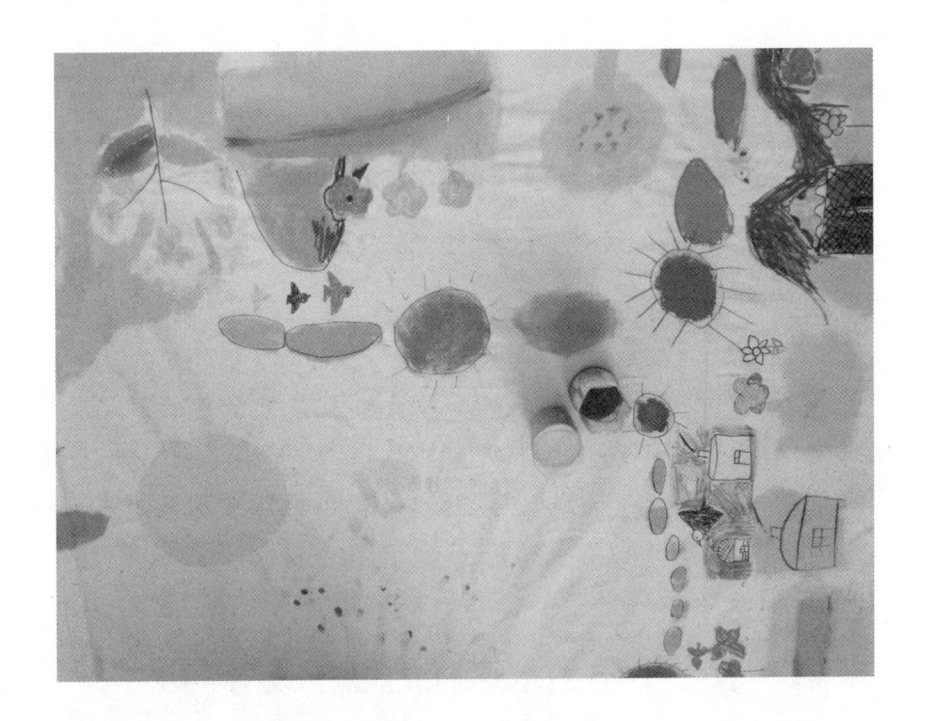

第五章　中小学不同阶段学生的教学实践

美术教育的教学实践需要根据不同年龄段的学生有针对性地进行设计,教育工作者对小学、初中、高中学生的学习特点和能力进行分析,开展有效的教学活动,是提高学生美术审美和实践应用水平的关键。

第一节　小学美术课程的教学设计与案例

一、《绘画游戏》教学设计

(一)教材分析

"绘画游戏"是人美版义务教育美术课程标准实验教科书第4册第二课的内容,属于"造型·表现"学习领域。设计目的是让学生在游戏中了解线的变化,根据线条的随意变化产生的形状进行想象设计,然后添画上各种具体的形象或抽象的几何图形。

本课教材意图通过教学激发学生的学习美术的兴趣,充分发挥学生的想象力,培养其勇于创新的精神,而且能够让学生在教学活动中体验美术学习的游戏乐趣,尝试新的绘画表现方法。

本节课采用了"Wiclass 智慧教室系统"进行授课,采用了翻

第五章　中小学不同阶段学生的教学实践

转课堂的教学形式,课前让学生先看微课,学生进行自主学习,对以往的线条知识进行了复习和熟悉,教师着重采用让学生进行发散思维的训练,让学生进行主题联想,深入讨论教学手段进行教学。整个教学是面向全体学生的,其中教师绘画过程完整示范及教师单独针对个别学生而进行的有针对性的示范等为主要的辅助教学手段。

(二)教学目标

知识与技能:了解本课绘画游戏的基本方法。会利用随意线条形成的图形想象添加形象。

过程与方法:激发学生学习美术的兴趣,体验美术活动的乐趣,培养学生丰富的想象力。

情感态度与价值观:通过游戏让学生体会线的感情色彩,尝试用线表现自己的心情,并且逐步体会到绘画是情感的表述,是画家内心世界的展现。

(三)教学重点

学习利用随意线条形成的图形,想象添加具象或抽象的形象。

(四)教学难点

巧妙地利用随意形,添加生动有趣的形象。

(五)教学准备

教师示范作品、相关美术资料、幻灯片、投影仪、平板电脑等。

(六)教学过程

1. 激趣导入

激趣:向学生播放《会变的线条》动画片,让学生体会不同线条带来的不同感受。

引趣：多媒体继续出示教师制作的米罗的作品的动态变化图，启发学生观察大师作品里的线条都是如何表现的，又是如何用随意形进行想象的。

出示课题，引发学生学习好奇心。

2. 探究发展

教师利用Wiclass智慧教室系统发送课前微课的作业题目，对学生进行课前学习情况的检测。

（1）构图：画面完整、饱满。

（2）线条：有变化、有疏密、有交叉，并形成可疑形象。

（3）色彩：对比鲜艳，涂色均匀饱满。

组织学生交流讨论：在同学的线条画里你都发现了哪些形状？规则形，不规则形还是组合形？

观察课件里的三角形你可以想象成什么？你认为画面哪一部分添加得有想象力、形状巧妙？你有什么好方法？

教师重点引导学生观察不规则形，引发联想，学生分组讨论。

引导学生欣赏其他班学生作业，进行发散思维的训练。

3. 操作实践

游戏导入训练《随形添画》。

分组进行合作创作。

（1）对自己画好的图形进行观察想象或同组之间相互补充想象添画。注意巧妙利用随意形。

（2）按自己的情趣涂色，注意饱满均匀。

教师辅导。

（1）画面的构图是否饱满完整。

（2）线的疏密、交叉。

(3)添加内容的趣味性并及时发现学生出现的问题,有针对性地进行修改并示范。

4. 展示评价

组织学生说一说自己作品的意思,给自己的作品起个名字。
按作业要求进行自评、互评。
评价谁在本课学习中表现最积极。

5. 拓展延伸

组织学生欣赏其他大师的作品并用语言描述。

二、《会动的线条》教学设计

(一)教学理念

2011版新美术课程标准明确要求,"美术课程要面向全体学生、要激发学生的学习兴趣、要关注文化与生活、要注重创新精神。"基于此,本节课的理念是"全民参与,在生活中发现美、挖掘美、创造美和创造美"。每个孩子都有学习美术的天分,只是有待教师正确引导和激发。

(二)学情分析

沣东新城新店小学以前一直没有专业的美术老师,地处偏远农村的三年级孩子想象力丰富,对美术的认知能力虽然有限,但是对美术课程的喜爱程度从不减弱,只是有待教师进一步的激发和引导。他们以前也接触过一些有关线条的知识,但是对线条的感知力还不强,有待在本节课感知和深化。

(三)教材分析

本课出自人民美术出版社第6册教材第3课,是对前一课内容《画中的线条》的一个巩固和拓展,为四年级《线条的静与动》打好了基础。本课主要讲了线条是点移动所形成的轨迹,由于点移动方向和速度的不同,产生不同形状和特点的线条,给人不同的审美感受。绘画离不开线条。了解、掌握、运用线造型,能帮助学生充分展现自己的创造性,开发学生的潜力和智力。本课教学能让学生进一步认识线条这一基本造型要素,理解感受线条的节奏感,激发他们大胆运用各种各样的线来抒发自己的情感,创作出个性化的美术作品。

(四)教学目标

(1)知识与技能:通过观察、了解、学习、感受,让学生初步了解会动的线条。

(2)过程与方法:通过学习课文和实践,让学生会使用简单的线条创造具有动感的画面。

(3)情感态度与价值观:通过学习本课,提高学生的现有审美能力,培养学生对线条造型艺术的持久兴趣和创造能力。

(五)教学重点和难点

(1)重点:通过对艺术品的欣赏,初步了解哪些线条可以表现出动感。

(2)难点:通过本课的学习,能让孩子使用线条创造有动感的画面。

(六)教法学法

(1)教法:激趣导入法、对比法、读书指导法、作品分析法。
(2)学法:小组合作法、讨论法、作业实习法、作品展示法。

(七)教具

多媒体课件、童子牵牛图、白板纸、彩笔、丝带。

第五章　中小学不同阶段学生的教学实践

（八）教学内容

1. 教师活动

激趣导入：用谈话的方法给孩子讲一幅和绘画线条有关的画——《童子牵牛图》。同学们，你们对这幅画有疑问吗？（童子在哪儿？牛在哪儿？）激发孩子们发散性思维，让孩子自己回答牧童在画一端，牛还倔强地在画另一端。（对孩子们的鼓励自然吸引了孩子们的注意力，并且激发了孩子对线条的浓厚兴趣。）感受线条的变化，从而导入《会动的线条》。教师板书课题。

复习旧知识，播放第一页幻灯片，让学生回忆和复习直线与曲线，告诉学生今天要认识的线条与这两种线条有关。

教师播放第二组幻灯片，让学生通过对比的方法观看水面、头发、大树图片中的线条是属于直线还是曲线？两张图片给人的感受有什么不同？教师板书：曲线动感。

为了验证学生们的感受是正确的，教师用提前准备好的丝带和学生们一起做实验，让两名学生平拉丝带一头，不给外力，观看线条是否运动了？然后教师拿着丝带另一头舞动起来，让学生观看丝带发生了什么变化？

教师安排学生以小组为单位讨论那种线条更具有动感？教师引导学生相互合作，合理安排。有人记录，有人发言。从而突破重点。

教师用读书指导的方法让学生欣赏课本图片及画作。运用"一帮、二扶、三放"的方法欣赏课本图片及画作，从而启发学生运用曲线创作会动的画面。就是教师帮助学生一起欣赏敦煌320窟壁画，重点欣赏飞天仙女的动态及衣服上的丝带所运用的线条。然后带领学生欣赏上海外滩夜景，启发学生留意生活，发现会动的线条。

教师提出问题：生活中你还发现了哪些会动的线条？激发学生的发散思维，并且让学生明白，艺术来源于生活，生活中处处有美，只需我们留心观察且发现。教师鼓励全班参与回答问题，让全班学生都站起来,遇到想法相同的就坐下,最终让全班所有学生都有了自己的想法和创作源泉。

布置作业:用自己喜欢的线条创作一幅会动的画面。教师播放轻音乐《流动的城市》,学生作画教师巡视,与个别学生交流并进行指导,从而突破本课难点。

2. 学生活动

学生听《童子牵牛图》的故事,初次感受线条的艺术魅力。

学生观看幻灯片,并能准确地认识两种线条——直线与曲线。

学生仔细观看幻灯片,并用对比的方法辨认两张同样的图片线条不同,给人的感受不同。直线给人平静的感受,曲线给人一种运动的感受。

学生按照老师的要求亲自体验实验,并观看教师舞动丝带,总结哪种线条更具有动感。

学生按照老师分好的小组合作讨论。做好记录,推举一名口才好的学生发言。

学生在老师的帮助下欣赏敦煌320窟壁画,发现飞天身体上的丝带、衣服等都是曲线,给人以动感。然后在教师的扶持下欣赏上海外滩夜景。最后自由欣赏自己喜欢的一幅画或者图片,谈谈自己对画面线条的认识。

学生独立思考,并且回想自己在生活中所见到的会动的线条,并且大胆地站起来回答问题,将自己与众不同的意见表达出来。

学生构思且动笔在流畅、悠扬的音乐声中进行大胆、个性的创作。

三、人文景观参观教学设计

通过欣赏厦门老式建筑,培养对艺术的热爱,对文化的尊重,对历史的宽容。

厦门的老房子主要有两种类型：外国风格建筑（图 5-1）和闽南红砖民居（"闽南大厝"，图 5-2），它们凭借浓厚的历史、文化气息已经成为独特的人文景观。外国风格建筑主要集中在素有"万国建筑博览"之称的海上花园鼓浪屿。曾经发生在中国人身上的那段屈辱史导致西方列强纷纷到鼓浪屿这一"适合人居住的地方"建造领事馆、洋房别墅、教堂等。除此之外还有许多属于中国人自己建造的外国风格建筑：一些爱国华侨到海外谋生，发家致富以后回到家乡盖了大量的别墅，这类建筑既有中国传统建筑的特点又融入华侨带回的海外建筑文化特色，形成中外合璧的独特风格。

图 5-1　外国风格建筑

图 5-2　闽南红砖民居

在组织学生欣赏鼓浪屿的老建筑的活动中,主要通过实地参观、拍照、写生、了解每一座老房子背后的故事的方式进行。细细观察和品味精美的门窗雕饰、各种风格各异的柱式、美丽的柱头、门楼。这些建筑或华贵秀美、典雅大方,或气势宏伟。这些因墙体斑驳而显得沧桑,因褪去浮华的色彩而显得沉稳的老建筑映衬在碧海蓝天之下、红花绿树丛中。这里没有车水马龙的喧嚣,有的是优美的钢琴声,漫步其间宛若徜徉在最美的建筑博物馆。在这浓浓的艺术氛围里学生受到艺术的熏陶,不但增长艺术知识,而且提高审美品位。不仅如此,由精美绝伦的建筑推及背后的故事就不能不提到房屋的主人。这里有大量中华名人的故居、遗址,如民族英雄郑成功水操台遗址、为传播中国传统文化作出杰出贡献的文化名人林语堂的故居、音乐家殷承宗的故居……还有许多在南洋发家致富回乡为建设厦门建功立业、恩泽家乡百姓的爱国华侨的家宅等等。这些名人的精神和这些建筑艺术一样让学生接受人文精神的洗礼,让学生肃然起敬或津津乐道。孩子们在画笔下和内心深处同样描绘出有人文精神的美好图景。

　　当孩子们在讨论"为什么要保护包括外国人留下的老建筑"时,有的学生说:"这样可以让我们牢记历史的教训,只有国家富强才不会受欺负,现在我们更加热爱祖国、热爱和平。"有的学生说:"这么齐全的外国风貌古建筑不仅在国内即使在欧洲也不多见,它们是建筑艺术珍品,留住它们不但可以供家乡的人欣赏,还可以让外地的游客甚至外国的朋友前来共同欣赏。"从这个意义上说鼓浪屿"万国建筑博览"这一文化遗产不仅属于厦门人民,还属于全中国甚至全世界所共同拥有。孩子们能用宽容的心态、艺术的眼光来看待这些古建筑正是一种人文精神的体现。

　　相比鼓浪屿建筑,闽南红砖民居的保护现状就更不容乐观。由于民居分布的范围广,房屋自身的结构、格局、生活设施已经不符合现代人的生活习惯,许多遭遗弃成危房或翻新改建成毫无特色的房屋。四年级的学生在闽南大厝探究的活动中主要以寻访、调查的方式进行,让学生通过各种渠道、方式利用节假日进行走街串巷参观、调查,或用网上检索工具收集相关资料并写成书面调查报告。在调查报告单的设计上引导学生观察了解老房子的建筑格局、屋顶的样式、门窗的装饰特点,收集关于老房子的故事,了解现在的居住和保护情况。通过对比,感受传统的闽南建筑与外国建筑完全不同的风格特点;感受闽南民居所体现的长幼有序、家族团结的传统美德和建筑本身所体现的中轴对称的审美特点。最后通过举办"闽南民居摄影""水墨画大厝"和"调查报告"的展览,展现学生对家乡传统建筑的情感、审美和保护态度。在"老房子的故事"活动中学生共写生、创作三百多幅美术作品,分三期举办展览,引起家长、全校师生以及来校参观的教育专家的强烈反响。"老房子的故事"美术教学活动对学生人文意识、人文态度的形成有着极大的推动作用。

第二节　初中美术课程的教学设计与案例

一、"造型与表现"教学设计案例——《产品设计的色彩搭配》

(一)教学内容与目标

1. 显性内容与目标

通过了解现代产品设计的色彩搭配的基本规律,尝试运用不同的色彩秩序,设计自己喜爱的现代产品。

应知:了解现代产品设计的色彩搭配的基本规律。

应会:尝试运用不同的色彩秩序,设计自己喜爱的现代产品。

(1)了解"物以致用"的设计思想,并运用设计和工艺的基本知识和方法,进行有目的的现代产品设计色彩搭配的创意、设计和制作活动,发展创新意识和创造能力。

(2)感受和把握各种材料的色彩特征,在进行现代产品设计时,合理利用多种材料和工具进行制作活动,提高动手能力。

(3)了解现代产品应是形式美感及其功能的统一,提高对生活中的现代产品和自己周边环境的审美评价能力,激发美化生活的愿望。

2. 隐性内容与目标

(1)通过学习,了解色彩对人们生活的影响,了解设计与生活的关系,增强对生活的热爱,提高生活的审美品位。

(2)逐步养成事前预想和计划的行为习惯以及耐心细致、持之以恒的工作态度。

(二)教学的重点与难点

1. 重点

现代产品设计的色彩搭配是"以人为本"的设计,是以功能要求为前提的,不同的色彩秩序和组合关系会创造出不同的色彩气氛和艺术情调。

2. 难点

如何运用众多物象的色彩关系来建立和谐的色彩秩序,并创造出符合特定目的、要求的艺术情调。

(三)学习材料

1. 教具

课件(包括丰富、典型、多种风格的现代产品设计图片等)。

2. 学具

有条件的可以利用电脑进行现代产品设计的色彩搭配,没有条件的可以准备水粉颜料、调色盘、彩色纸、剪刀、胶水等材料。

(四)教学过程

教学活动的方式与方法：适合一般条件的学校，对于能够进行电脑教学的学校，可以利用电脑进行。

1. 教师活动

调试好多媒体教学设备，准备教具，组织教学。

(1)出示现代产品实物，让学生对这些产品以及自己身边的现代产品设计作品进行评述，列举这些产品的优缺点，引出现代产品设计中色彩搭配的重要性。

(2)播放课件，展示风格多样的现代产品设计，引起学生对现代产品设计中色彩搭配的关注(如有条件，还可以链接世界著名企业或设计机构的网站，浏览更多相关信息，例如，可口可乐公司、耐克公司、丰田公司等)。

(3)引导学生通过欣赏众多的现代产品设计，找出自己喜爱的现代产品的色彩搭配，并且分析喜欢的原因。讨论：什么样的现代产品设计的色彩搭配会给我们带来美的享受。

(4)学生根据现代产品的特定要求进行色彩设计，例如，汽车、家用电器、生活用品或小家电的设计(学生可以自己独立进行设计、制作，也可以通过合作来完成)。提示：根据产品的功能，分析其色彩搭配的特点，并考虑消费者的性别、年龄、文化层次和地域等特点。

(5)教师对各组的合作、设计、效果等环节进行具有发展性的评价，并提出设计中的一些问题供学生讨论。

(6)鼓励学生将本组最满意(或最不满意)的设计展示给大家，教师注意鼓励学生尽可能把自己设计的独创性表达清楚。

(7)教师总结并答疑，提供一些相关资源的出处给学生，鼓励学生平时注意多观察，记录生活中的产品设计的特点，逐步培养发现问题、分析问题、解决问题的习惯和能力。

2. 学生活动

准备学具和自己喜爱的现代产品设计作品(包括现代产品实物)。

(1)学生观看现代产品实物及图片,并讨论现代产品设计色彩搭配的优劣,试着说出自己的观点。

(2)归纳现代产品设计中色彩搭配的重要意义。

(3)讨论自己对不同的现代产品设计的色彩搭配的感受。

(4)分析并总结色彩搭配的基本规律。

(5)谈谈自己对现代产品设计的色彩搭配的理解。

(6)分小组经过短暂讨论,确定设计方向。

(7)进行设计、制作,同时撰写设计说明。

(8)各组进行组内设计的陈述和自我评价。

(9)大胆地展示本组的作品。

(10)其他组同学讨论并评价。

(11)虚心听取其他组的意见或建议,以利于今后的改进提高。

(12)学生谈感想,并提出自己在设计过程中遇到的一些问题,并谈谈本节课同学们团结协作的体会。

二、"设计与应用"教学设计案例——《活泼有趣的文化衫》

"设计·应用"学习领域是指运用一定的物质材料和手段,围绕一定的目的和用途进行设计与制作,传递与交流信息,改善环境与生活,逐步形成设计意识和实践能力的学习领域。本学习领域中"设计"的含义既包括现代设计的理念与方法,也包括传统工艺的思想、制作手段与方法。

"设计·应用"学习领域以形成学生设计意识和提高动手能力为目的。教学内容的选择应贴近学生的生活实际,将学科知识融入生动的课程内容中,密切联系社会生活,关注环境和生态,突出应用性、审美性和趣味性,使学生始终保持浓厚的学习兴趣和创造欲望。下面以《活泼有趣的文化衫》教学案例设计为例进行论述。

(一)教材分析

本课是人美版14册第12课的内容,与"策划一次出游活动""旅行团的旗帜和标志""多姿多彩的袋和包",以及"出游活动综合展示"组成一个"综合·探索"学习单元。本单元融合美术各门类和其他学科的知识,引导学生主动学习、探究。本课的设计就是让学生们运用恰当的图形、文字符号、色彩搭配,选择合适的工具绘制自己喜欢的文化衫,这一活动能更好地培养学生的动手能力、审美情趣,使学生体会服装除了实用功能以外的文化内涵和艺术品位。让学生认识自我,更好地培养创新思维,尽情发挥想象力,促进创造力的发展,培养学生的自信心。

(二)学情分析

本课教学对象是七年级学生,初中的学生较小学生已有较丰富的美术知识,同时随着年龄和阅历的增长,个人的审美品位逐渐形成。由于他们的日常衣着大多数是学校的校服,或是家长帮他们选购的服装,所以学生们外出旅游或参加某些活动时,从他们的穿着方面,很难反映他们的性格特点和个性品位。但是学生对衣服的设计都有自己的想法,而本节美术课的课堂实践活动,正好迎合了学生这种迫切需要创造和表现的心理,为他们提供展示自我审美情趣的平台。

(三)教法分析

本课在导课时采用了直观导入的方法,教师身穿由自己设计图案的文化衫,既有效地吸引学生的注意力,又充分调动了学生的学习积极性。授课过程中不仅使用传授法,还采用观察分析法,引导学生观察、分析、了解不同文化衫的不同人文内涵,让学生观察校服,了解其文化内涵,分析不足,激发自我设计的欲望。在作品展评环节,让学生穿上自己设计好的文化衫随音乐展示,为他们提供一个展现个性、施展才华的平台,让他们充分体验成功的喜悦,将本课再次推向高潮。同时,以记者采访的形式为学生创造评价分析作品、取长补短、共同提高的机会。整节课各个环节的设置都在努力使本课的教学目标落到实处。

(四)教学目标

1. 知识与技能

使学生理解、认识文化衫是一种特定时代的产物,具有反映某个时代的社会文化的特征。

2. 过程与方法

运用恰当的图形、文字或符号、色彩以及适当方法设计文化衫。

3. 情感态度与价值观

(1)引导学生用美的眼光来欣赏文化衫带给社会的装饰美感。

(2)启发学生用所学到的艺术知识和修养来设计一件能够表达自己审美情趣的文化衫。

(3)培养学生良好的审美意识,勇于表达自我的创新意识。

(五)教学过程

1. 简要介绍文化衫

(大屏幕显示"文化衫及其定义")

文化衫是一种特别的 T 恤(T-shirt)!它很平民化、大众化,又很时尚,能够体现穿着者的独特气质与个性,是个人对生活喜好与信仰的一种自由表达方式,可以表达政治、民族、音乐电影、宠物卡通、潮流等各种信息。它最大的价值不在款式面料,而在于所承载的文化内容。

2. 赏析:结合图片欣赏并分析文化衫的文化内涵

教师:让我们共同走近文化衫,看一看它们都向我们传递了哪些文化信息(出示课题:活泼有趣的文化衫)。

(1)欣赏有代表性的文化衫图片,引导学生分析其文化内涵。

例如,分析奥运主题文化衫。提问:这件文化衫为我们传递了哪些信息?你是从哪里看出来的?

(2)欣赏其他风格各异的文化衫图片,体会不同风格的文化衫所带来的不同视觉效果及其所蕴含的文化内涵。

3. 启发构思

(1)结合自身文化衫(校服),分析其文化内涵,指出其不足。
(2)启发:如果能拥有一件可以展现自我审美标准和个性品位的文化衫,你会怎么设计呢?

4. 文化衫的制作步骤

(1)先画草图,设计纹样。
(2)把设计好的图形拓印在文化衫上。
(3)运用彩绘或其他的手法绘制。

5. 作品欣赏

学生创作,教师辅导(屏幕上连续展示多件文化衫图例,为学生提供参考)。

6. 教学实践

选用一种自己擅长的方法,运用自己喜欢的色彩,以文字式、纯图式或图文并茂式的表现形式在空白文化衫上进行设计表现，完成一件能够展现自我个性和审美标准的文化衫。学生根据要求进行文化衫的设计，教师进行适当的指导。

(1)指导表现方法及工具的合理、正确使用。

(2)及时发现好的构思方法和作品并予以展示，给其他学生以参考。

7. 教学总结

请学生归纳总结文化衫在现实生活中的意义，体会所学知识的实际应用带来的乐趣。

(六)学生活动

(1)欣赏图片，积极回答问题。
(2)欣赏图片，体会不同的文化内涵。
(3)学生畅所欲言文化衫的图案构想。
(4)学生设计属于自己的文化衫。
(5)穿上自己设计好的文化衫，随音乐进行展示。

第三节　高中美术课程的教学设计与案例

一、"书法与篆刻"教学设计案例

(一)概述

"书法·篆刻"是新课改之后高中美术新增设的模块之一，新课标中阐述为："书法篆刻是用中国特有的传统工具和方法，塑造汉字的艺术形象，抒发情感的活动。"

书法与篆刻相对来说实用性都比较强，短时间内完全掌握并达到一定艺术水平比较困难，因此，高中阶段开设这一模块的立足点不是掌握专业或学科的技能,而是通过这一模块的学习,帮助学生提高对书法艺术的认识,体验我国汉字艺术的独特魅力,增强对我国传统文字艺术的了解和认同。

因为书法与篆刻同为文字的艺术,都以汉字作为载体,存在许多必然的关联性,不可分割,所以同属一个模块,但是书法和篆刻的书写与镌刻技巧等又不尽相同,并且都有独立的发展,学生初步掌握需要较充足的时间,所以,在现阶段高中美术教学时一般将书法和篆刻分设为两门课程,以保证本模块学习任务更好地完成。

1. 书法

书法是世界上少数几种文字所有的艺术形式,汉字书法为汉族独创的表现艺术,它是以中国传统笔墨纸砚为工具,通过对汉字进行创造性书写来表现作者抽象审美意趣的艺术,被誉为"无言的诗、无行的舞、无图的画、无声的乐"。

近几年,书法教育得到了越来越多的关注和重视,"加强中小学书法教育"的提案也在增加,教育部2012年印发《中小学书法教育指导纲要》(征求意见稿),其中提出中小学书法教育的基本理念:

(1)面向全体,让每一个学生写好汉字;
(2)硬笔与毛笔兼修,实用与审美相辅;
(3)遵循书写规范,关注个性体验;
(4)加强技能训练,提高文化素养。

高中的书法教学,教师应该结合学生在义务教育阶段写字规范训练的实际基础,做好引导与示范,为学生营造更好的学习氛围。书法的相关理论知识系统而庞杂,教师必须处理好教材,将基础理论与技巧训练相结合,将书法训练与日常书写和生活相关联,注重练习,从基础开始,积极讲授书法技巧与相关文化知识。在普及书法常识,能够识别、完成基本字体写作的基础上,根据学生爱好,选择1~2种书体深入了解与练习,示范、指导,尽可能让每位学生都掌握书法的欣赏、临慕、创作的基本方法。通过书法学习培养学生良好的书写习惯,引导学生认识中国书法的丰富内涵和文化价值,体会书法艺术的微妙之处,在技巧练习与审美能力培养之间取得平衡。近些年来,越来越多的大学已经开设书法专业,书法被列入高考专业测试范围,书法学习从本科到研究生直至博士,形成了比较完整的教育教学体系,这为许多高中爱好书法的学生提供了良好的学习平台,也为传统书法文化更好地发展与传播创造了有利环境。

2. 篆刻

篆刻俗称刻印,简单地说就是在木、石、玉、金属等载体上,以汉字为主要表现对象并由中国古代印章镌刻技艺发展而来的中国特有的传统艺术。篆刻可以说是一种以刀法为主要手段在印章上表现书法美的造型艺术。

篆刻正是伴随着书法的发展,在艺术标准与技法原则上继承并发展了实用印章,逐渐由实用印章转变为一门铸刻的艺术,从而成为艺术理念与工艺技巧相结合的艺术形式。篆刻的特征主要有:

(1)篆刻是以刀代笔的书法形式;
(2)篆刻是由实用印章发展成的审美与实用兼具的艺术;
(3)小中见大,具有抽象和神奇之美;
(4)表现中国传统文化中虚实相生、阴阳合一的审美取向。

对于高中学生来说,篆刻的艺术技巧与表现等还是具有一定难度,因此,在篆刻教学实施过程中,教师应该有所取舍,合理安排课程,抓住篆刻的特点,注重培养学生敏锐的观察与创造力和对不同字体的感受能力,指导学生学以致用,将篆刻的艺术性与印章在生活中的实用性结合起来,发挥自己的创造力,把篆刻的美的元素拓展到自己的生活当中去,用篆刻作品来传递感情,完成文化的传承,弘扬我国的传统文化艺术。

(二)教学设计

1. 教学目标

任何一门艺术,不了解其背景文化就难以窥见其全貌,更谈不上学习和传承了。书法和篆刻都是传承了上千年的古典文字艺术,学习前先要了解其发展轨迹与背后的文化知识,并充分了解和欣赏前人优秀的书法和篆印作品。

(1)鉴赏具有鲜明艺术特色、文化内涵的书法、篆刻作品,学习和了解中国书法、篆刻艺术发展的基本过程及其与中国传统文化的关系,用美术术语表达自己的感受与认识。

(2)通过观摩、分析和临摹等方法,了解传统的笔法、章法、篆法、刻法等技法及表现形式,并进行实践,表达自己的思想和个性。

(3)使用不同的毛笔、刻刀等工具以及宣纸、刻石等材料,体验不同的艺术效果。

(4)学习用口头和书面的形式评价自己和他人的书法、篆刻作品。

2. 教学重、难点

使学生学会欣赏书法篆刻艺术,理解认同我国优秀文化遗产,并树立强烈的民族自信心和自豪感;使学生掌握书法、篆刻学习的基本方法。

开展生动有趣的教学活动,使学生保持浓厚的学习兴趣,继续学习或发展课余爱好。

(1)书法教学的重、难点

国内现行高中书法教材版本众多,一般学校较多使用的人教版、人美版或者湘教版,编排各有特点,侧重点各有不同。但是书法教学主要内容一般都包括书法发展简史,隶、楷、行、草等主要书体介绍,代表作品欣赏与著名书法家的了解,基本点画、结构、章法知识,以及临摹和创作的知识要点与练习指导。高中书法教学应该结合学生兴趣和实际情况,采取知识介绍与技能训练并重的方式,注重实践,让学生在感受与了解的同时,也能够完成基本的书写与创作,并为日后部分学生参加高考书法专业考试做好准备。综上所述,高中书法教学的重、难点归纳如下:

①了解书法发展简史,以及隶、楷、行、草等主要书体的特点;

②学会分析、比较、鉴赏、评价书法作品;

③了解基本点画、结构、章法知识,至少掌握一种书体的基本书写规范;

④明确临摹和创作的知识要点与基本方法;

⑤对不同书体发展过程与风格特点的认识;

⑥对不同书体书写规律和技巧的把握;

⑦鉴赏经典的书法作品;

⑧用笔、结字和章法规律的整体把握与运用;

⑨书法作品的独立创作。

(2)篆刻教学的重、难点

高中各个版本的篆刻教材无论内容侧重点和编排顺序如何,都基本包括以下内容:

①中国印章与篆刻艺术的发展演变及审美原则的介绍,包括印章艺术的基本原理、种类、各历史时期实用印章的风格特征、印章与篆书的关系、篆刻艺术的形成以及主要流派风格等。

②篆书与篆刻的技法训练,包括小篆书体的书写技巧及临摹练习,篆法布局的方法规律等。通过学习,使学生基本可以掌握篆刻的创作原则与具体方法。

③活动与考察。采取通过多样性的方式组织学生参观调查,了解篆刻艺术在现实生活中的应用、收藏及鉴赏情况,丰富学生的知识修养,提高他们对传统文化艺术的兴趣和欣赏水平。

综上所述,篆刻教学的重、难点归纳如下:

(1)中国印章与篆刻艺术的发展演变及审美原则的介绍;

(2)治印的工具与材料;

(3)篆书与篆刻的技法训练；

(4)理解篆刻的审美原则；

(5)篆书知识和技巧的学习；

(6)篆刻的技法训练；

(7)对刀法和章法的认识与处理。

(三)教学案例——《砚边漫步》

1. 教材分析

本课为欣赏、分析与练习相结合的综合课，立足于提高学生对书法的认识，改变学生书法只是写字的认识，从人文内涵、艺术创造、审美修养的角度去把握书法，增强学习的兴趣。

2. 教学目标

(1)理解书法的审美价值。

(2)了解书法发展史。

(3)了解书法工具材料。

(4)掌握正确的执笔方法。

3. 教学重、难点

(1)了解书法发展史。

(2)感受理解书法的审美价值。

4. 教学方法

(1)讨论法。

(2)对比分析法。

(3)练习法。

(4)教学评价法。

5. 教学模式

(1)情景激趣。

(2)分析讨论(评价)。

(3)书写评价。

6. 教学过程设计

(1)设景激趣、导入新课

用课件演示书法艺术在学校的应用:校名、楼名、馆名、亭名、文化墙、文化石及校园书法活动等,引导学生观察、欣赏,并让学生意识到书法就在自己的身边,与自己的生活息息相关,使学生对书法产生浓厚的兴趣。

(2)合作探究、感悟新知

提出本节课要解决的两个问题:①书法的含义及审美特征是什么?②汉字与书法的关系及书法发展简史是怎样的?

让学生带着上述问题阅读教材文字内容、欣赏教材所刊书法图片,感悟新知。

(3)重点讲授

①书法的定义和审美价值

定义:书法是特指用毛笔书写汉字的一门以线造型的视觉艺术。

审美价值:外在的直观形式美(包括笔法、结体、章法和墨法);内在的深层意蕴美(包括哲理、情感)。

②汉字与书法发展简史:

古文字系统:陶器文字——甲骨文——金文——简帛文——小篆(是不自觉书法时期,统称为篆书)。

今文字系统:隶书——草书——行书——楷书(是自觉书法时期)。

③主要书体的形式特征

甲骨文:是指商、周时期刻在龟甲或兽骨上的文字。

金文：是指商、周时期钟、鼎等青铜器上的镌铸文字，亦称钟鼎文、大篆。

简帛文：是指战国时期用毛笔写在竹片、木条或丝织品上的文字。

小篆：是指秦朝对大篆经过省改产生的文字。

隶书：是指汉朝时期由篆书快写、草化发展而来的方块书体。

草书：是点画线条连写的书体，是在对正体的篆书和隶书进行草率简约地书写运用中逐渐产生而形成的。

行书：是介于楷书、草书之间的书体，有行楷、行草之分。

楷书：是由隶书省减发展而来的一种合乎规范的榜样模范之书体，又叫真书、正书。

(4) 课堂评价

根据本节课所学的内容并结合板书，让学生着重了解书法发展史，感受、理解书法的审美价值，体会祖国书法艺术的博大精深，懂得在欣赏书法时，不仅获得视觉的快感，而且陶冶情操，充实自己的情感世界。

7. 教学反思

(1) 优点

①能够充分利用学生日常生活中所见到的一些书法例子引入教学，从学生熟悉的字体出发，让学生感觉书法课非常有趣。

②利用合作探究的形式，让学生自主发现问题、分析问题、得出结论。

(2) 不足

①没有充分利用高中生现有的历史知识，将跨学科的历史学科知识与书法知识相结合进行综合分析。

②演示的过程及方法不够清晰，与展示图片的结合不够紧密。

③不能将同一学科内"美术鉴赏"模块知识（鉴赏方法）灵活运用到"书法·篆刻"模块教学里。

二、"美术鉴赏"教学设计案例

(一)美术鉴赏的重要意义

首先,美术鉴赏并不是单纯地对美术作品进行赏析,而是通过美术史、美术理论知识,研究美术作品的真伪、创作的年代、艺术质量高低,或者对各种美术现象、美术思潮进行分析与评价。综观现行的一些高中美术教育,只重视了学生对美的表现力和创造力的培养,却忽视了对美的感受力、鉴赏力的培养。也就是说,美术鉴赏课得不到真正的关注和重视,从而在一定程度上影响了学生对美的事物的感受力和对美好生活追求的热情。没有对美的深刻认识,那么程序化创造出来的美只会流于一种表面的形式。

其次,人们对艺术美的感知不是与生俱来的,必须通过后天的教育、培养、熏陶才能具备。美术鉴赏课程通过感性直观、理性思考和富有启发性的教育手段,把一些抽象的艺术理论与美术知识融入对具体作品的分析探讨之中,让学生形成对艺术美的鉴赏能力,形成正确的审美观。

最后,既然高中"美术鉴赏"模块是九年制义务教育阶段美术课程"欣赏·评述"学习领域的高层次的拓展与延伸,那么这门课程的持续开设对学生们的影响及作用也是不可小觑的。

(二)案例分析——美术鉴赏知识的学习

1. 学习理念

化繁为简,显隐结合,自主探究(将课本前言部分、美术课本的封面图片以及第一课的内容相互穿插融合,把学生要掌握的美术鉴赏的相关知识穿插融会到其中,隐性与显性实践相结合,自主探索鉴赏方法)。

第五章　中小学不同阶段学生的教学实践

2. 对学习者的分析

(1)虽然在义务教育阶段开设有美术课程,但是与中考必考科目比起来就显得尤为弱势,高一年级学生的美术基础知识普遍匮乏,所以,适合边巩固基础知识,边与新授课进行衔接。

(2)通过对整个高一学段的调查,这一届学生整体的特点是做事积极、热情、个性,但持久度较弱。所以在教学中让学生充分发挥他们的优势,同时磨炼他们的耐性。

(3)高中生已经具备很强的理解能力及探索能力,所以对美术专业知识的理解以及跨学科的综合探索学习也是较容易掌握的。

3. 教学目标

课标中指出:"鼓励学生在感受、体验、参与、探究、思考和合作等学习活动的基础上,进一步学习基本的美术知识与技能,体验美术学习的过程和方法,形成有益于个人和社会的情感、态度和价值观。"

(1)知识与技能:了解美术鉴赏的对象、范围(中西方差异)。

(2)过程与方法:学生能了解一些鉴赏应具备的知识与修养。

(3)情感、态度与价值观:调动学生参与欣赏的积极性,培养学生对美术的兴趣和理解能力;懂得尊重、保护艺术遗产。

4. 教学重点

重点:本课为美术鉴赏的第一课,教材涉及的内容丰富,学生刚接触时会感到枯燥。学习和掌握美术鉴赏方法以及训练学生对作品的观察、记录、分析、表达能力为本节课的重点。

5. 教学思路

(1)抓住学生刚入学时的新鲜感,用不同于以往的教学方式,将第一课的知识渗透到教材封面和引言里。

(2)利用封面及目录内容,将本学期整体的课时安排进行分析,便于学生有一个清晰的学习线路。

(3)中西美术的对比(设置悬念,激发兴趣),让学生领悟到内在的联系与区别。

(4)结合视频资料,师生共同分析,调动激发学生的学习兴趣。

6. 教学流程

(1)读前言(引导学生进行阅读教材的前言内容)。

(2)找词句(学生动手找出关键的词句或者自己喜欢的某句话)。

(3)悟真谛(深刻体会领悟前言的总述及学习美术鉴赏的重要性)。

(4)观封面(运用原有知识及前面所学的基本鉴赏常识分析、观察课本封面)。

(5)得要领(学生总结出一些鉴赏方法)。

(6)动手眼(仔细观察并进行动手绘画)。

(7)重实践(重点鉴赏,提前热身,归纳方法)。

(8)归结论(师生总结归纳)。

第五章 中小学不同阶段学生的教学实践

授课实践(2015 年)

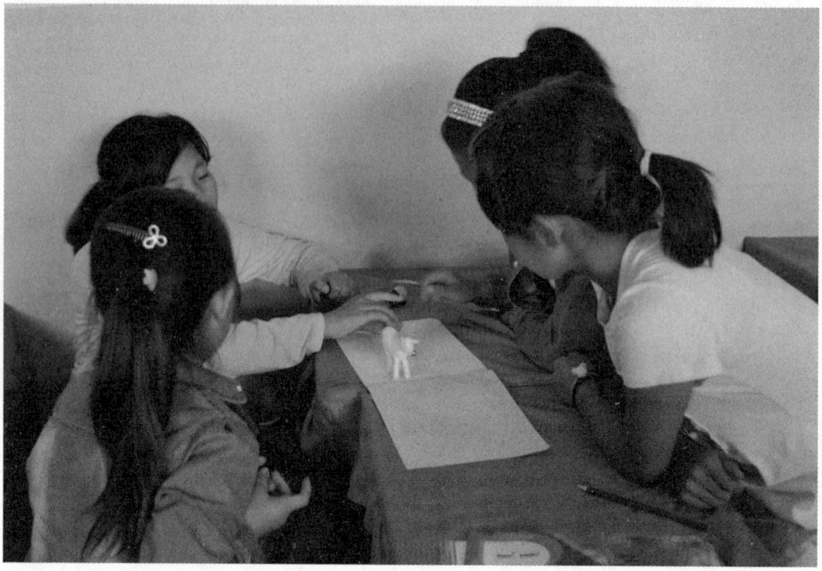

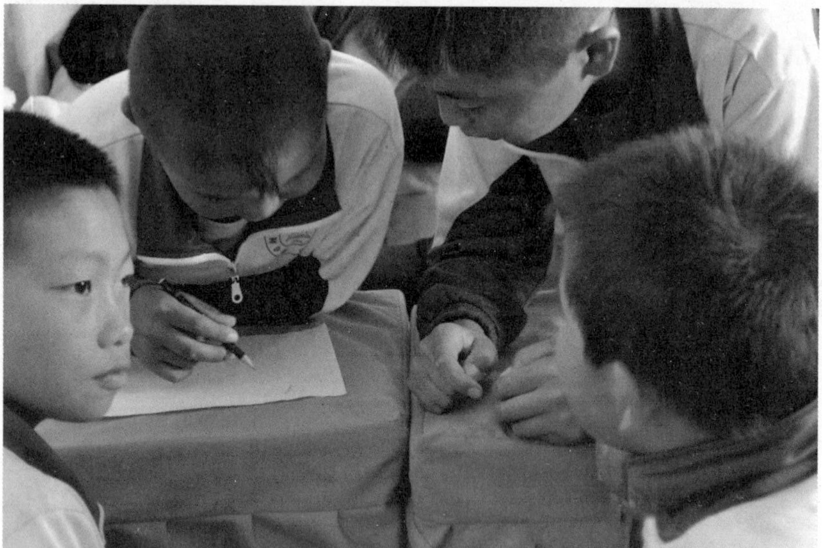

第五章　中小学不同阶段学生的教学实践

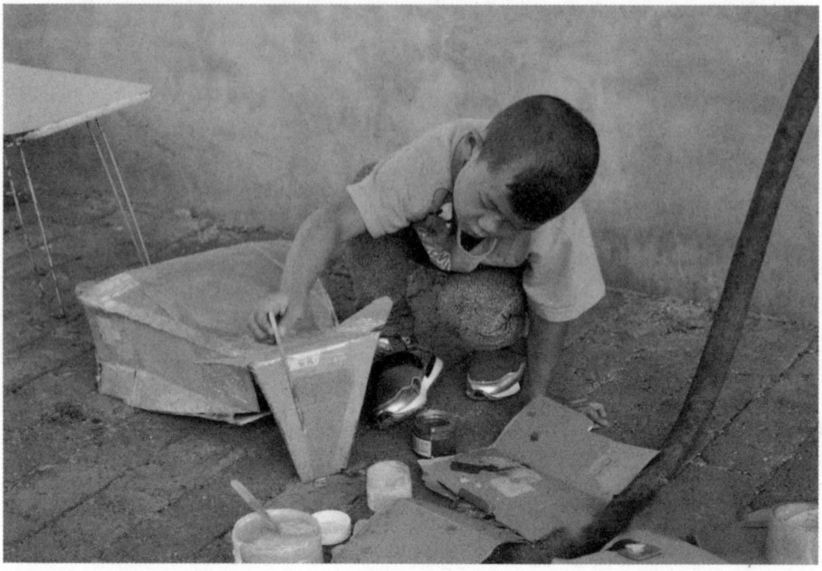

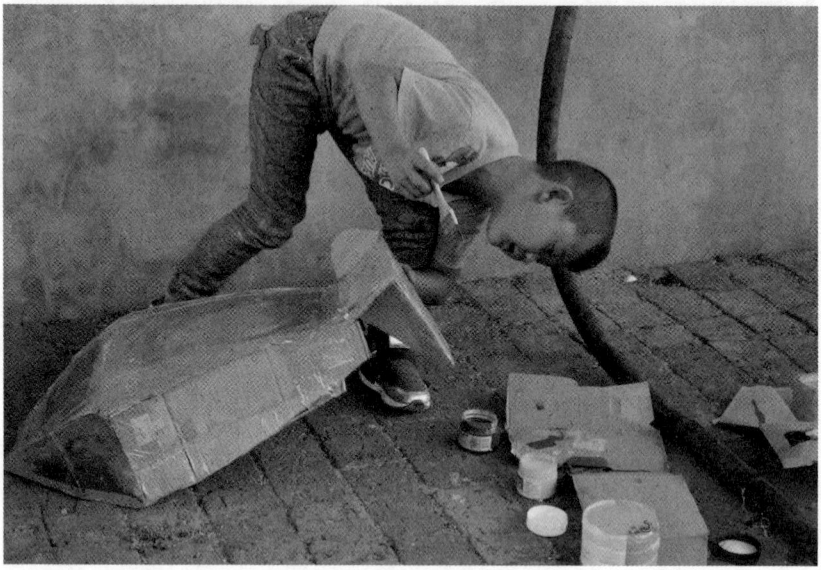

第六章 中小学美术教育的课程评价

教学评价是现代教学系统的重要组成部分，没有评价就无法客观、公正地判断教学目标是否达成，就不能有目的地改进教学方式和提高教学质量。教育评价已成为世界教育研究的三大领域（教育基础理论、教育的发展和教育评价）之一，建立并运用科学的、可操作的教学评价机制对美术教学活动进行调控，是实现美术有效教学的必由之路。

第一节 中小学美术教育评价

一、中小学美术教育评价的内涵与特点

美术教学评价简单说就是对美术教学活动的评价，这一个看似简单的概念界定，却包含着丰富的内涵。首先，它意味着评价的对象包括两个行为主体：教师和学生。教师的主要行为集中在各种形式的"教授"活动上，而学生的主要行为则集中在不同方式的"学习"活动中。其次，它表明评价内容应该包括三方面：对教师教授行为的评价、对学生学习行为的评价、对师生互动活动教学过程的评价。

二、中小学美术教育评价的作用

通过教育评价,教师可以了解某个学生在特定学科的特定阶段,其知识、技能、能力已达到的水平和存在的问题,从而确定施教措施。肯定的评价一般会对学生的学习起鼓励作用,强化学生学习的积极性。教师也可以通过评价了解自己的工作结果,从而推动教师不断地改进教学工作。教学评价的内容和标准往往会成为学生学习的内容和标准,对学生努力的方向、学习的重点和时间以及精力的分配等起到作用。评价不仅可以促使学生对教材内容进行复习巩固,还可以通过测验训练学生的基本技能,提高学生分析、解决问题的能力,又可以培养学生良好的个性品质,如自觉性、责任感以及严谨、认真的学习态度等。

由于各种主客观原因,我国美术教育的教育评价功能效益非常薄弱。要更新美术教育教育观念包括中小学美术教育评价观念,要通过制度规范,建立科学的美术教育评价规则体系。教育评价制度的建立,有利于规范教学评价活动,为评价活动指明方向,提供工具和手段,更能实现评价的科学功能,使美术教育评价对教育的发展和改革产生积极的推动作用。探讨美术教育评价的功能和作用,不仅能使我们认识教育评价的意义,还有助于正确地利用教育评价,充分发挥对教育实践和改革的指导作用。

美术教育评价的作用表现在鉴定与导向、改进与激励、管理与教改、促进发展与调节四方面。

(一)鉴定与导向作用

首先,教育评价具有引导方向的作用。教育评价是根据教育目标进行的,它通过对现状与目标之间的距离的判断,能有效地促进被评对象不断接近预定的目标,因而具有鉴定与导向功能。

通过美术教育评价既可以引导美术教师教学,又可以引导管理活动趋向管理的目标,还可以校正被评对象偏离目标的行为。

因此,从某种意义上说,有力有效的教育评价就是一根教育管理的指挥棒。

美术教育评价的指标体系(包括指标,标准和权重)是由美术教育和管理目标共同构建的。其内涵集中体现了评价者和管理者的教学价值取向及管理目标的要求。根据评价指标体系评价,必然对被评对象产生目标导向作用。

教育管理者和被评对象都可以根据有关信息资料,调整目标的行为。通过评价结果的强化来实现导向功能。

美术教育:要发挥评价的导向作用,必须严格按照教育规律与美术教育目标的要求来评价教育过程、教育行为以及教育结果,引导落实教育目标。要从客观实际出发,在深入调查研究、掌握大量事实的基础上,建立科学的评价标准。

鉴定功能主要指对教育活动的优劣进行甄别,具有选拔、分等级的功能,对比较同类评价对象之间的优劣高下具有重要作用。

教育鉴定功能的发挥,可以增强被评对象的责任感、公平感和成就感,促进教育质量的提高。从教育评价的性质上看,价值判断是教育评价的本质特征。也就是说,教育评价就是要做出价值判断,要对评价客体的状态和结果进行判断。价值判断必须以事实判断为基础,如当前美术教育是否能适应经济、社会发展对人才培养的要求,对美术教育目标的完成、办学条件等做出评价判断。发挥教育评价的鉴定功能,要特别注意解决判断的标准问题。其次注重对被评对象做出正确的比较。教育评价主体只有根据特定的价值标准,进行比较,方才具有评价的意义。

鉴定是教育评价的功能之一,但不是美术教育评价的根本目的,因此,在美术教育评价实践中,切不可将评价与评优完全等同。虽然鉴定具有选拔、分等、判断之效能,但评价的根本目的在于正确的导向,在于引导、规范、改进和提高美术教育质量。

(二)改进与激励作用

教育评价的目的是改进教育工作。教育活动在许多情况下是一个不断发展变化的动态过程,这个过程需要不断加以完善和改进。教育评价改进功能的发挥建立在全面、准确、真实地了解被评对象的状况的基础上,将被评对象的真实情况展现出来,据此发现存在的问题以及形成原因,以便激励人的行为,激发人们向更高的目标发展。

美术教育评价的功能就是为了改进教育工作,提高办学效益和教育质量。教育评价的改进功能,主要是指教育评价具有发现问题、总结经验、诊断归因、不断改进工作、改善行为的作用。因此,美术教育评价的改进功能是教育评价的主要功能。教育评价改进功能的发挥,通过真实情况的呈现,找出现状与目标的偏离程度,找到教育活动中存在的问题与症结,并及时地将处理后的信息反馈给管理层和被评对象,发挥管理调控和自主调控的作用。教育评价的改进功能并不只是意味着对教师教学工作具有积极作用,对管理者同样具有改进作用。

激励功能是指教育评价具有激发被评对象行为的动机、调动被评对象积极性的作用。教育评价的激励功能是教育评价刺激被评对象积极的心理反应的结果。美术教育评价要充分发挥激励功能,调动被评对象积极性的作用,必须注意四点:一是评价要力争客观、公正、科学、合理、实事求是;二是要尊重被评对象,积极鼓励、吸引他们主动参与评价过程,做好自我评价;三是尽可能看到被评对象的长处和业绩;四是评价目的要明确,努力着眼于改进工作,以评促改、以评促建。

(三)管理与教改作用

根据教育科学管理的要求,美术教育评价已成为各级教育行政机构以及学校自身提高管理水平的重要手段。评价目标、指标体系等本身就是一种极好的目标管理手段,每一所学校都会自觉地向这些目标努力,因而少了许多简单的行政干预。因为教育评价所具有管理功能的发挥是建立在一系列严密操作程序的基础之上的,非一般的行政命令和狭隘的经验能比,教育评价的管理功能比一般行政性、经验性的教育管理功能具有更大的优越性。

教育机构是教育评价活动的运作载体,主要承担教育评价活动的准备、实施、反馈与咨询范围,它可以是一种行政机构,也可以是一种民间组织。教育评价规章制度的建立,使教育评价有法可依,有规可循。教育评价的再评价是教育评价的调整机制,即对教育评价过程和结果的检讨与调整。

教育评价制度具有的管理性不单是指教育评价的管理制度的管理功能,而更主要的是指教育评价制度对教育管理、学校管理乃至社会公共行政管理所具有的价值属性。美术教育评价体系的建立与实施能约束调整监督与管理阶层,有为调控管理服务的功能。教育管理的主要任务就在于完善处理教育内部以及教育与社会的各种关系,保证和激励广大教育工作者的工作积极性,提高教育的质量和效益。而要完成这一任务除了通过政策、法规、制度来行使管理范围外,必须通过教育评价的手段来调控、激励管理者。因此,通过教育评价能够达到协调各种关系,发挥管理的积极性和正确性。教育评价通过信息收集和反馈实现为决策和调控服务的管理范围。管理的核心是决策,而决策的正确性来自信息的丰富与真实。管理的另一个范围是调控,而调控的依据来自被管理对象活动的信息。评价中获得的信息和价值判断,就为教育管理的决策和调控奠定了信息基础。教育评价通过指标和标准体系,实现细化和强化管理要求的作用。教育评价的指标和标准体系就是管理,即工作目标的细分化、具体化、可操作化,甚至量化。因而,按照评价指标和标准体系有助于强化管理要求。指挥、督导和控制被管理对象的活动,有助于加强管理的指导性和针对性,同时也使被管理对象方向明确、目标端正、思路清晰、措施得力,从而提高工作和管理效率。

此外,教学评价具有教学研究上的价值,有利于开展教育人文艺术教学研究活动。美术教育课程与人文艺术教学评价具有诊断、调节、反思、研究等功能,能够很好地促进教育人文艺术教学管理水平的不断提高。

(四)促进发展与调节作用

美术教育课程与人文艺术教学评价的促进发展作用,是当代美术教育课程与人文艺术教学评价理论与实践所特别关注的,它主要指通过对美术教育课程与人文艺术教学评价的实施,为学校的教育人文艺术教学提供有效的诊断和反馈,并以此来强化和改进教育人文艺术教学活动的开展,进而促进学生、教师以及学校更好的进步和发展。美术教育课程与人文艺术教育评价的调节功能是指通过美术教育课程与人文艺术教学评价结果的反馈,能够让被评对象了解自身发展存在的优势和不足,从而调整自己的教育、人文艺术教学或学习行为,以促进自身更好的发展。通过评价建立起美术教育课程与人文艺术教学实施过程的反馈通路,形成完整的实施体系,使得美术教育课程与人文艺术教学的整个实施过程实现自我调节和良性循环,进而不断提高课程设计和教育人文艺术教学的水平与质量。

三、中小学美术教育评价的类型

因划分角度和标准的不同,美术教学评价的分类可谓是多种多样。例如,根据评价的内容不同可以分为效果教学评价、行为评价;根据评价对象发生的时间、空间的不同可以分为课堂教学评价、课外教学评价;根据评价的理论依据不同可以分为质性评价、量化评价;根据评价的目的不同可以分为能力测试、甄别选拔;根据评价的形式方法不同可以分为试卷、谈话、展览等。各种类型的教学评价具有不同的目的与功能,在使用中常常彼此交融、重叠、紧密联系,并非截然分离。

美术教学评价常见的分类名词主要有以下三组:质性评价与量化评价;指向能力评估的评价与指向甄别选拔的评价;试卷、谈话与展览评价。质性评价与量化评价在本章第二节学生的评价中有专门讨论,这里不赘述,只介绍说明一下另外两组分类。

第六章　中小学美术教育的课程评价

（一）指向能力评估的评价与指向甄别选拔的评价

这两类评价是依据评价的不同出发点划分的，指向能力评估的评价主要是测试学生在某项学习方面达到了何种水平，并给出一个阶段性的评估结果。比如中学的达标考试，大学的四、六级英语考试。这类评价没有名额的限定，考试的难度、各级的标准具有稳定性。一般来说，美术学科常规教学评价提倡多采用指向能力评估的评价，教师在给学生的作业打分或评"A、B、C……"或"优、良、合格……"等成绩等级时，建议有一个公开的明确的标准，并保持相对稳定性。

指向甄别与选拔的评价主要是根据需要设计一项或几项评价活动，从而选出符合要求的学生。这类评价通常都有名额的限定，考试难度、通过的标准根据每次参加测试的学生的整体水平变化，将合格率控制在一定范围中，因此也被称作是产生"落选者（失败者）"的评价，如我们最为熟悉的中考、高考。在平时教学中，有些教师对学生作业进行打分、评等级等评价时，对"90分以上""A""优"等级别限制了名额、人数比例，这也是一种指向甄别与选拔的评价。

（二）试卷、谈话与展览评价

教学评价的形式从理论上来说应该是丰富多样的，各种评价形式在实际教学中也常常是根据需要进行组合运用，教师在这方面可以发挥更大的自主性、创造性。试卷、谈话与展览是中小学美术教学评价中常见的几种方式，新课程改革以来，有些老师可能会觉得试卷评价并非是一种好方法，实际上这种见解是非常片面的。美术学科的试卷评价除了包括文字类试卷，也包括绘画、设计图等在纸上绘制完成的试卷，一般教师在学期结束时多使用这一方法，这种方法能很大程度地帮助美术教师解决时间精力有限而需要成绩的学生人数众多之间的矛盾，比较简便，易操作，并在一定程度上保证了公正客观。

谈话评价是指教师通过与学生面对面的交谈来了解学生的学习情况,从而形成评价。对于美术教学活动来说,谈话是很有意义的一种评价方式。很多时候,仅凭观察学生的行为,或单方面分析学生的作品并不能全面、客观地了解学生知识、方法的掌握、情感兴趣层面的发展等情况。只有通过与学生进行面对面的有效交谈,才能真切地了解到作品情况不太好的学生究竟是不理解某个概念,还是理解了概念却无法表现出来;才可能发现作品效果很好的学生对参与美术活动的兴趣,是在不断上升还是在逐渐下降,等等。因此,美术教师常会根据需要,捕捉时机,通过谈话的方式进一步了解某位或某些学生的学习情况,以便给予他们更贴切的评价。

展览评价指通过学生作品展览的方式对学生学习情况进行考查评估,一般多在一个学期、学段或某项专题学习结束的时候采用,是美术教学评价中非常重要的一种形式。作业展览作为一种评价方式,最为重要的是它构建了一个开放的多元互动的评价空间,学生、教师、家长、教学管理人员等各类教学活动的参与者或关联人都可以充分利用这个空间,发表自己的意见,交流彼此的信息,达成某种共识。展览评价可以充分融合师评、自评、互评、他评等不同主体的评价意见,从而促进学生的发展、教学的完善,因此,受到美术教育工作者的重视。

四、中小学美术教育评价的方式

(一)教师指导性评价

在教学中教师对学生进行谈话调查、建立联系,了解学生思维想象空间,及时调整教学策略,改进教学方法,还能了解到外部环境对学生学习的影响;同时加强了教师与家长的感情交流,有利于指导家长进行课外辅导。让学校和家庭之间建立多元化、民主化的评价模式。通过双方或三方的相互交流、相互沟通、相互

第六章　中小学美术教育的课程评价

启发、相互补充,让学生从中受益,陶冶自己的情操,分享自己的思想。

通常,学生大多对教师的评价极为在乎,甚至深信不疑,教师在教学评价中所表露出来的价值倾向,很大程度上影响着学生的后续行为。在美术教学过程中,我们面对的学生从兴趣方面可分为美术专业兴趣类学生和非专业兴趣类学生两大类。在这两类学生中,教师要注意教学评价艺术的恰当运用。

对于专业兴趣型学生。教师更要重视的是学生专业性学习指导中的评价,要侧重于在专业程度上的进一步深化,对学生在这方面应不断提出更高的要求促进其进步。

对于非专业兴趣型学生。教师更要重视的是学生学习热情的培养。对于非专业兴趣型学生,教师可着眼于一些非专业或非技能因素的评价。需要教师用心去观察了解,多发现学生的闪光点,及时予以肯定性的评价,并给予指导,从而起到激励的评价作用。[1]

(二)自我评价

1. 学生的自我评价

学生自我评价的形式多样。每学期末可以采用"个人学期美术学习评估表"的形式,让学生对一段时间内的美术学习有一个粗略性的评价。

学生自我评价可以采用问卷形式,还可以采用建立学生学习档案的方式。教师通过学生的美术学习档案,及时给予针对性的指导,使每个学生在各自的个性特色中求得发展。在美术学习档案建立的过程中能使学生多方面的综合能力得到锻炼,包括:

(1)学生调查研究的能力、搜集信息的能力,分析判断的能力。
(2)综合运用多种知识创造和设计的能力。

---

[1] 孙丽华,梁家琳,闫雪. 美术艺术理论与教学实践探索[M]. 北京:新华出版社,2015.

(3)寻找和选择各种物质材料,使用工具和动手制作的能力。
(4)解决问题的能力。
(5)将研究成果展示和发表的能力。
(6)自我反思和评价的能力。
(7)有条理的管理能力。
(8)与老师、学生间的相互交流能力。

2. 教师的自我评价

教学是一项十分复杂的工作,评价教师的教学质量必须要进行细致、全面、系统的分析,要从教师的主观方面和客观因素整体评价。教师自我评价中,每个老师都有自己的教学设想、教学方法,通过备课、上课、辅导、批改作业等,都要对自己教学的优缺点作出客观的评价。主要包括以下四方面:

(1)强调教师对自己教学行为的分析和反思;
(2)创设自评氛围,运用科学的自评方法;
(3)教师自我评价结果的运用;
(4)结合他评,促进教师自我评价的客观性。

(三)多样化的美术成果评价

评价学生美术作业的方式很多,可以利用课堂时间讲评,也可在教学单元完成后分阶段讲评等。除了和学生进行交流之外,还可以给评语,让学生从教师的反馈中得到肯定和鼓励,从而更好地促进教学开展。对于那些对绘画没有足够信心的同学,一方面,美术教师鼓励他们动笔练习;另一方面,提供他们多种的作业形式,用文字形式完成设计构想,用口头形式叙述绘画构思,用合作形式完成美术创作……鼓励每一个学生都能从美术活动中寻找到乐趣,转化为下阶段学习的动力,甚至延续到终生。

第二节 学生的评价

一、美术教学量化的学生评价

美术教学中的学生评价是以促进学生全面发展为目标,对学生在知识与技能、过程与方法以及情感态度与价值观等方面发展状况做出的综合评价。下面就根据美术教学目标讨论量化的学生评价和质性的学生评价两方面。

学生美术学习质量评价是对学生平时完成学习任务质量的评价。这种评价对学生的学习具有一定的强化作用,教师的评语和学生成绩,对学生个人及全班都有导向作用。美术教学中,教师批改大量不同阶段与层面的作业(实物性的或电子版本)是对学生完成学习任务质与量的评价,教师应根据作业要求客观公正地评分,切忌以个人的好恶去评价学生的作业。对于个性化、创造性的表现应当给予肯定;对于某些荒诞现象应予以理解;对不认真的作业要提出批评。书写成绩和评语的位置要合适,以免影响作业的美观。作业成绩应认真记入成绩册,便于期终总评。

(一)知识与技能目标的评价

1. 美术知识掌握情况的评价

现代美术教学注重对美术知识的掌握。对美术知识的掌握情况可通过以下几方面来评价:
(1)技能知识

要看学生能否记住所学的造型、色彩、结构、比例、解剖、空间表达等有关美术知识,并能创造性地运用;能否正确理解美术的基本概念以及各种作业要求等,这一切主要体现在美术作业中。

(2)概念知识

学生对所学的美术基本概念、基本知识、基本原理等是否知道与理解。比如:什么是油画?什么是水彩画?二者的区别是什么?主要通过作品观赏、课堂提问、讨论等方式了解。某些设计作业对基本概念的掌握有较高的要求,如"近似""重复""明度渐变""纯度渐变""色相渐变"等,可将"概念的正确性"或"写出构成名称"等定为评价指标;也可通过期末的美术常识测验来检查学生的基本知识掌握情况。教师命题时要选出基本知识,题目要有足够的覆盖面,客观题与主观题的比例适当,难度适中,能体现一定的区分度,可考虑开卷测验。

(3)欣赏与评论

这是对美术作品及美术形式认知的一种重要的美术活动方式,它不仅反映出学生对美术作品由表及里的感知和分析,同时,也从多个角度折射出学生的综合涵养及表述能力。所以,要积极开设美术欣赏与评论课,教学形式要多样,要让学生学会针对作品开展"描述、分析、解释与评价"的欣赏方法,让学生充分发表意见,也有利于评价方式的多维度展开。课后可布置写联想、写短评等相关的作业,也可写参观体验等,从而能较确切地了解学生对美术知识掌握的情况。

2. 美术技能作业的评价

评价美术作业质量也就是对美术知识与技能目标的评价,其关键是解决对图形化、多样化、个性化的美术作业制定评价指标体系。由于学生是按教师根据教学目标提出的作业要求来完成作业的,因此,教师提出的"作业要求"对学生作业或对教师教学、教学评价来说都具有重要意义。根据作业要求和学生实际制定出可操作的评分指标及成绩分配的权重。在此,以表6-1说明作业要求与教学评价的关系。

第六章　中小学美术教育的课程评价

表 6-1　学生作业要求与教学评价的关系

作业要求及说明	作业要求示例及权重	教学评价	
1. 基本要求（要做什么）：用什么方法做什么练习	1. 用线描方式画一组静物，比如：线30%，造型30%；	知识与技能目标；达标和及格的标准	美术语言，教学重点，具有制约性、规定性，宜采用量化评价
2. 具体化（做到什么程度）：具体要求和说明	2. 画出静物的结构和细节；3. 注意线的穿插、疏密，比如：细节10%，线10%；	区分作业的及格以上的优劣等级	
3. 可选部分（还能做什么）：为学生创造和个性发挥留有空间	4. 挑选自己喜爱的静物并写出为什么；5. 可选用自己喜爱的工具和线；6. 允许加颜色等，比如：构图、表现力等各占20%。	过程与方法、情感态度与价值观目标；自主学习方式；艺术创造的过程；个性和情感的表达；能区分作业的整体效果。	作业的个性、艺术性、创造性，具有弹性、灵活性，宜采用质性描述、分析的方法

制定这样的评分指标及分配权重，虽然不必像文化课的客观题那样泾渭分明，但会使美术教师减少盲目性、主观性和随意性，促使教师以此评价学生作业，或由此反思教学过程的各个环节，提高教学质量。美术作业形式多样，一般分为课堂作业、课后作业、假期考察作业等；涉及的内容与形式也比较繁多，比如绘画、手工、设计、电脑图形、美术作品欣赏等，在教学评价上，也需要根据不同的美术学习内容加以区分，制定详细周密的测评体系，灵活体现评价的有效性。

(二)过程与方法目标的评价

1. 美术学习过程的评价

新课程要求让学生"学会学习"，变"授之以鱼"为"授之以渔"，为的是让今天的学生能在其一生中根据瞬息万变的社会而不断地学习、克服困难和解决问题。掌握方法（渔）比学到知识（鱼）更重要，于是"过程与方法"就转化为教育的目的之一。

美术教学的"过程"通常包括两方面：

（1）技能操作过程

美术课程具有实践性，需要运用各种材料和工具进行多种美术实践活动，每种技能活动都有别于他者的"过程目标"，亦即具体的操作程序和要求，比如素描的打形、上大体明暗、细部刻画和整体调整等。有许多操作程序是不可逆转的，如版画、篆刻等，必须设计出合理的"过程目标"并落实到教学过程中，而学生只有掌握"过程目标"，才能顺利完成作品，才算真正掌握了该美术样式的技能。

（2）解决问题的过程

新课程所倡导的"过程目标"是促进学生主客体相互作用的"解决问题的过程"，即新课程提倡的"研究性学习"。而美术学科的"研究性学习"就是美术创作/设计，实施"选题—收集资料—构思构图—放大稿—画正稿—完成"的过程，就是用美术的、视觉的方式进行的研究，体现的是解决种种问题的过程。

因此，为让学生学会学习，教师应树立"授之以渔"的目标，把美术的技能操作和解决问题的过程细化为一系列具体环节，分别提出要求并赋予一定的权重。只有形成过程目标的评价指标，才能针对学生在不同环节目标的具体行为作出合理的评价。

2. 美术学习方法的评价

美术学习方法包括以下三类：

①美术的学习和创作方法。如欣赏、临摹、观察、写生、收集、创作、设计、制作等。

②教学的活动或研究的方法。如尝试、游戏、竞赛、调查、分析、讨论、体验、实验等。

③不同性质的教学方法。主要有自主（独立）学习、合作学习和研究性学习。

其中有些方法是辅助性的，如尝试、游戏等，但大多是美术教学

第六章　中小学美术教育的课程评价

中必须掌握的学习方法,也就是"授之以渔"中的"渔",而且只有教得到位,学生才能学得扎实,学到美术的真谛,学生才有发展的后劲。

教师应该对某课题中重要的学习方法设计出评价指标,区分出优劣等级,分别提出具体的要求,赋予一定的权重,才能对学习方法作出相对合理的评价。

(三)情感态度与价值观目标的评价

美术教学中的情感与态度目标主要体现在对某一美术门类艺术特色的领悟、欣赏和运用的兴趣与态度,并能借以传达其基本的情绪以及道德感、理智感和美感等高级情感。在一般作业中,还可以表现出一些人际感情、人与自然的感情、道德情感和对社会现象的评价(体现在如尊老爱幼、助人为乐、环境保护等创作题材中),可将情感单独作为一项评价指标。美术教师要善于发现并肯定学生作业中积极的情感因素,使学生的情感品质及其人格潜移默化地得到成长;鼓励学生利用审美情感的表现,以增加作业的生动性和表现力。

对情感态度与价值观的评价可以通过以下几种方法进行:

1. 学生自我评价

学生自我评价可用表 6-2"学生美术态度调查表"调查,让学生打"√"或打"×"以表明自己的态度。表中有多种测试项目,能较准确地反映学生对美术的态度。

表 6-2 中,"B"是反映对美术课的总体态度,"C"是美术教科书上的内容,旨在测试学生对美术课不同课业的态度,二者是相互联系的。"A"和"D"则是测试学生在课外是否自发地用美术装饰自家环境等,能反映学生课外自觉的美术态度,应该与"B""C"的态度相一致。"E"希望了解学生不交作业的情况与原因;"F"则是了解学生对美术课的看法和改进的建议。如果学生"A""D"是积极的,而"B""C"却不太积极,说明美术课教学有问题,通过"E""F"反馈的信息,就能让教师改进自己的教学。

表 6-2　学生美术态度调查表

姓名									年级　　　班级			
性别		年龄										
A. 是否用美术作品美化自己的生活环境?	你的爱好	国画	山水						A. 用自己作品布置环境吗?用什么作品?放在何处?			
			花鸟									
			人物									
		书法										
		油画										
		摄影										
		卡通画										
		工艺品										
		装饰画										
		雕塑										
		其他										
B. 是否喜欢美术课?												
C. 你喜欢(√)或不喜欢(×)哪些课程?	写生	静物										
		人物										
		风景										
		色彩画										
		白描										
	临摹	中国画										
		卡通										
		装饰画										
	创作	现代生活										
		幻想世界										
		传统神话										
	设计	设计基础										
		平面设计										
		产品设计										
		环境设计										
		其他设计										
	工艺	剪纸										
		手工制作										
		纸板画										
		雕塑陶艺										
		影视媒体										
		美术常识										
		美术欣赏										

第六章 中小学美术教育的课程评价

续表

	写生	临摹	手工	现象画	其他
D. 平时有无自发的课外美术活动?					
E. 有无缺交作业? 有几次? 为什么?					
F. 说说你对美术课的看法和建议。					

215

表 6-2 是个很实用的研究工具,其内容可以根据教材和当地情况做调整。如果每学期或每学年都用此表调查一下,积累起来,还能观察到随着学生年龄、学业强度变化的情况下,学生对美术态度的变化趋势,不同的课业受学生欢迎的程度,不同性别、不同性格(爱好)的学生对各种美术课业的偏好,等等。

2. 第三者观察法

可由几位观察者进行现场观察、记录,需要设计并填写专用的观察记录表。观察者各有分工,如记录教学进程中教师提出的问题、提问的数量和广度,学生的情绪、态度和言行,以及教师在课堂中行动的轨迹等,作为事后分析的第一手资料。

3. 摄像机记录法

用摄像机摄录教学实况,便于以后的分析和评价。既可用于对课堂整体教学的评价、学生学习态度的评价,也可用于对教师的评价和教师自我评价。通常由两台摄像机同时摄录,教室前方一台记录学生学习情况,教室后方一台主要记录教师教学情况。

第 2 种和第 3 种方法都是教学过程的动态实录,有利于长期的、多角度的教学研究与评价。

4. 学生作品评析法

通过对学生的大量课堂作业及平时系列美术作业的归类分析,运用一定的心理学、教育学、美学、文化学、哲学等学科的综合知识去做量化与定质分析,并恰当地给出情感的定值,以完善情感目标的评价形式。

(四)量化的学生美术成绩评定

美术成绩评定是按教学目标对学生一学期美术学习成绩的整体评价。学生美术成绩评定的要求是:有较高的信度和效度,能全面衡量学生掌握美术教学目标的广度、深度和熟练程度。为保证美术成绩评定的全面与真实,建议采用期终考试与平时成绩相结合的办法。

考试是检查教师教学效果和学生学习水平的重要方式。但是,某些教师仅以最后一张作业当作考试作业,又以此作业成绩作为学期最终成绩,这就具有很大的偶然性和片面性。

美术技能考试的命题要有一定的综合性与科学性,能较多地反映本学科教学内容的覆盖度、难易度、可信度、区分度。为了能全面衡量学生的成绩,有的教师还加入美术常识的笔试、综合知识考查、写小评论等形式。但是,仅凭考试成绩仍然是很片面的,美术学习主要应该看学生平时的美术成绩,以及对美术课的态度和兴趣,与考试成绩综合之后,才能全面体现美术学习的整体情况。

可以参照表6-3《学生美术学习质量评价表》的方法,具体评价指标可根据教学内容设定,各项得分均来自平时作业成绩和其他调查。

表6-3的1—14是平时的每一次作业成绩,也包括一定的美术常识或美术欣赏成绩,十分全面,应在美术成绩评定中占主导地位(如80%)。同时,应考查学生作业的数量和质量两方面(一定程度上反映了学习态度),所以"平时小计"是平时成绩的平均值。最后以技能性作业或加上美术常识笔试作为美术考试内容,但不应占主导地位,约占20%即可。

二、美术教学质性的学生评价

为满足现实美术教学需求,"学生评价应当以促进学生发展为目标,因此,评价标准要体现多维性和多级性,适应不同个性和能力的学生的美术学习状况,帮助学生了解自己的学习能力和水平,鼓励每个学生根据自己的特点提高学习美术的兴趣和能力"(教育部《全日制义务教育美术课程标准(实验稿)》,第一部分《前言》)。评价在整个教学设计和实施过程中的作用不容忽视。

表 6-3　学生美术学习成绩评价表

学校　　　　年级　　　　班级　　　　任课老师　　　　

周次 内容 姓名	1	2	3	4	5	6	7	8	9	10	11	12	13	14	……	平时小计	美术考试	学期总评
	构图与形式		线的韵律与表情		探索黑白灰之美		装饰的秩序之美		实用与审美的统一		简洁热烈的剪纸			凸版画的艺术魅力	……	0.8	0.2	1.0

第六章 中小学美术教育的课程评价

(一)关于教学的质性评价

目前来说,与其他主要学科相比,美术学科的成绩与升学的关系较小,因而未得到应有的重视,美术教学的学生评价问题也就更加被忽略了。在美术学习活动中,简单的量化评价无法涵盖复杂的、多元的美术教学现象。鉴于此,本章尝试探讨如何在美术教学中实施一种生长、对话、探究、建构的质性评价方法。这是建构主义时期的主要评价形式,受到了后现代主义课程观的影响,其哲学基础是以现象学、诠释学、存在主义等为代表的人文主义思潮,将人类行为看成是富有情感意义和价值的行动。

华东师范大学教育科学学院课程与教学论专业导师李雁冰在其著作《课程评价论》中认为,质性评价力图通过自然的调查,全面充分地揭示和描述学生及其学习过程的各种特质,以彰显其中的意义,促进理解。该书主张,评价应全面反映教育现象和课程现象的真实情况,为改进教育和课程实践提供真实可靠的依据。质性的学生评价由教师、学生、家长等多主体参与,以多元的方法和不同维度对学生的学习过程与结果进行整体描述和探究,以达到促进学生发展的目的。质性评价包括苏格拉底研讨评价与档案袋评价等形式。苏格拉底式研讨评价就是把学生在班级参与和课堂讨论中的表现作为学生学业成绩评价的一个部分,它要求学生学会更有成效地思考,并为自己的见解提出证据。它所关注的是:对学习主题和任务的认识和思考、在问题讨论中学生间的互动情况、学生的批判性思维和公众演说技能方面的进步情况。

这里着重介绍美术教学中的档案袋评价。

(二)美术教学的档案袋评价

1. 何为档案袋评价

档案袋原意为艺术家的"代表作选辑",其"内容的选择或提交是由被展示作品(或材料)的作者与档案提交的对象,即由学生和老师共同决定的"。其目的是建立对学生从学习某一任务开始到完成任务的整个过程的记录。档案袋评价是针对学生成就评价的连续性考查，而非对学生掌握内容范围的阶段性统计。

美术教学的档案袋评价是指将学生学习过程中能够反映其学习情况的作业、收集的资料、多次修改的草稿等所有材料汇集于个人档案袋中，以展示学生学习和进步状况的评价方法。由于学生是选择档案袋内容的主要决策者，他就拥有了判断自己学习质量和进步的机会，因此在这种评价中，学生成了评价主体。

概括来说，档案袋评价的类型可分为理想型、展示型、文件型、评价型、课堂型等。其中最具有代表性的是理想型，也称为"过程型"。它的设计意图在于帮助对自己的学习历史具有思考能力和进行非正式评价能力的学习者，能提高学习质量，包括作品产生过程的说明、系列作品、学生的反思（表 6-4）。

表 6-4　档案袋评价的类型

类型	构成	目的
理想型	作品产生和入选说明，系列作品，以及代表学生分析和评定自己作品能力的反思记录。	提高学习质量。通过一段时间的成长，帮助学习者成为关于自己学习历史的思索者和非正式的评价者。
展示型	主要由学生选择出其最好和最喜欢的作品集。自我反思与自我选择比标准化更重要。	为由家长和其他人参加的展览会提供学生作品的范本。
文件型	根据一些学生的反映以及教师的评价、观察、考查、轶事、成绩测验等得出的学生进步的系统性、持续记录。	以学生的作品量化和质性评价的方式，提供一种系统的记录。
评价型	主要由教师、管理者、学区建立的学生作品集。评价的标准是预设的。	向家长和管理者提供学生在作品方面所取得的成绩的标准化报告。
课堂型	由三部分组成：(1)依据课程目标描述所有学生取得的成绩的总结；(2)教师的详细说明和对每一个学生的观察；(3)教师的年度课程、教学计划及修订说明。	在一定情境中与家长、管理者及他人交流教师对学生成绩的判断。

第六章　中小学美术教育的课程评价

2. 美术教学中档案袋评价的形式

美术教学中运用档案袋评价，应该根据学生的年龄特点、学校条件和教学任务等情况灵活处理，根据目前档案袋评价的保存形式与媒体材料的不同，其形式可以为下列两种：

(1) 纸本档案袋评价

纸本档案袋评价是一种直观形象的、便于保存与掌控的实物性评价形式，以学习资料、创作的图文素材、活动记录、作业成果、心得体会、教师和他人评语等综合而成的档案袋评价。根据教学目标与学习需求，在美术教学中逐步完善对各项材料的评价，如基础技能学习作业、主题探索练习、审美鉴赏、艺术批评等，要注意以下几点：

①设计封面，彰显个性。在建立"美术学习档案袋"时，为便于管理，教师可以要求学生为自己的"档案袋"设计有个性的标志和封面。设计档案袋封面本身就是一项美术作业，同时也能激发学生的兴趣。

②分类管理档案袋中的作品。在档案袋中存放课内外收集的图片资料、相关文字材料、设计稿或未完成作品、精品作业等。在教学时，教师事先告诉学生将要学习的内容，提前收集相关资料，如创作树叶图形画时，让学生收集各种落叶，并享受收集材料的过程，还可以写出查看资料的感受，等等。要求学生把每次作业都放入其中，便于管理。

③自我评价。在每次作业完成之后，都要求学生对自己的作品做自我评价。师生共同探讨作业评价标准，让学生根据目标和评价标准整理和挑选出自己喜欢的精品作业，在小纸片上写上自己喜欢的理由，贴在作业反面，连同作业一起展示在作业栏里。在建构档案袋的过程中，学生是主要决策者，特别在选择精品作业时，学生成了所交作品的决策者，拥有判断自己学习质量和进步的机会。

④邀请家长参与评价。为增加亲子交流的机会,让家长更全面地了解了学生美术学习的成绩与进步、独特爱好与个性,请家长给学生的作业写评语。

⑤档案袋评价标准。

- 学生是否制订了系统的规划,并有明确的学习目标;
- 学生制作档案袋时是否具有积极、主动的态度;
- 学生档案袋收集的作品质量和数量,主题的新颖性和原创性,作品所传递的理念,等等;
- 学生在学习合作中的表现与接受建议的态度;
- 在阶段美术学习后,学生在鉴赏能力、创作能力、评价能力等方面是否获得了提高。

(2)电子档案袋评价

电子档案袋评价,就是借助现代信息技术以电子数码方式加以收集、保存、管理学生作品并进行评价的方法。电子档案袋评价不仅保持了传统档案袋评价的优点,还具有更快捷、简便、整体与便于分析等特点,成为传统档案袋评价的有力补充。

在美术教学中运用电子档案袋评价,更具独特的优势,可以结合各学校的班级网、校园网、美术园地网、学生个人博客或空间进行,即把学生的精品作业上传至网站,向全校、全社会展示,往往能赢得多方好评,从而鼓舞学生的学习兴趣与热情。这种评价方式是国内外运用较广的形式。

(3)实施档案袋评价的注意事项

第一,要避免滥用档案袋评价。随着课改的推进,很多美术教师纷纷使用质性评价的方式,但如果教师不能根据实际情况分析、设计和使用档案袋,效果将适得其反,不仅无法促进学生的发展或教学目标的达成,反而加重学生负担。因此,美术教师要充分考虑档案袋评价的必要性和可行性。

第二,有目的地收集材料。使用档案袋的目的决定其收集的内容、方式和要求。如果创建档案袋的目的是为了展示学生的优秀成果,那么收集的内容应是学生认为最满意或最重要的作品;

如果为了描述学生在某一阶段的学习与发展,发现其优势和不足,那么不仅要收集最终作品,还要收集过程性材料,如素材和创作草稿;如果为了评估学生学习与发展的水平,那么收集的内容就要结构化或半结构化,即对其中有些材料要有统一要求,以便在不同学生之间进行比较。

第三,档案袋应与教学有机结合。美术教师往往要求学生收集有关资料以充实档案袋,却很少进行分析和解释,出现"为收集而收集"的现象。档案袋应该与教学活动有机结合,才能充分发挥其促进学生进步的作用。这就要求教师明确教学目标,收集学生在学习过程中必需的、自然生成的各种作品和资料,并安排一定的课时与学生一起回顾、分析和解释材料与作品,从中发现学生的优势与不足,为形成性评价和总结性评价提供丰富的信息。

第四,片面认为太占学习时间。确实,档案袋在制作、评价时会耗费师生一定的时间与精力,但这种评价方式嵌入整个学习过程,学生会依据标准评价自己的作品,反思学习过程,从而发现自己的优势和不足,形成追求进步的愿望和信心,明确改进的目标和途径。一旦学生学会怎样学习,教与学将更加有效。所以,学会自我评价和反思是学生学会学习的重要标志,有利于形成可持续发展的学习动力。

总之,使用档案袋时要充分尊重学校、教师、学生以及教学条件的实际与差异,由教师与学生自主决定在日常评价实践中用或不用、在哪些领域用、选用何种类型、收集什么内容,以及如何对档案袋进行评价等具体事宜。过多的统一要求或盲目使用,都将导致形式主义,既加重教师与学生的负担,又不能发挥它应有的作用。[1]

---

[1] 王大根. 中小学美术教学论[M]. 南京:南京师范大学出版社,2013.

第三节　说课与评课

一、说课与评课的概念

说课是教师对其所授课的教学设计及其理论依据所作的口头说明，即阐明"我为什么要这样上课（或设计这节课）"。

现代教学要求教师以教育理论为指导，钻研课程标准、教科书、教学参考资料，设计教学策略、教学方法和教学程序，使教学更符合教学原则，避免教学中的盲目性和随意性。说课的目的就是使教学设计理性化，并达到相互交流、共同切磋、提高美术教学质量的目标。其实，教学计划中好的"设计思路"就是简要的说课稿。

评课是对教师所教的课进行分析评论，是检查教学质量、总结教学经验的一种教学研究方式。可以分为教师的自我评课和由教研小组、同行以评议会形式进行的评课，主要是研讨教学经验、指出存在的问题、分析问题的原因、提出改进建议等。

对照教学过程的三大环节，说课侧重于"教学设计"，评课侧重于"教学实施"，而二者之间有着密切的联系。具体说来，说课往往也是在教学实施之后，所以，说课时少不了叙述教学设计意图在具体实施时的情况；而评课时也必然由教学实施的状况联系到教学设计。所以，说课和评课的内容有一定的共性。

二、说课与评课的内容

（一）教材分析

1. 教材的性质与特点

了解教材性质与特点也就是我们常说的"吃透教材"。美术教材中包括了美术欣赏、绘画、设计、工艺、摄影与媒体等不同类型内容，各有特点，对美术教学具有客观制约性，在某种程度上决定着教学时所需要采用的具体材料工具、操作技巧、思维方式、组织形式、教学过程以及教学方法等一系列问题。

2. 教学目标

弄清本单元主要让学生学些什么，本节课应当如何定位，让学生获得哪些美术知识，掌握何种美术技法，培养学生何种能力，有何情感态度与价值观方面的追求，提高与培养学生哪些具体的素质，等等。教学目标的确定除了分析教材之外，更要考虑学生现有的实际水平，确定教学目标所应达到的程度。

3. 教学重点与难点

在分析教材特点和设计教学目标时，也要确定教学的重点与难点。

教学重点是一种客观存在，是教材知识体系中固有的东西，包括知识、概念、技能及相互间的联系等。教师只有准确地找到教学重点，才能使教学主次分明。

教学难点则是教学过程中学生对知识难以理解或对技法难以掌握之处，需要根据学生实际来确定。要求教师能预见学生可能产生的疑难，并找到解决的策略与方法，是教学设计和有效教学的关键点之一。

(二)教学模式与教学过程

一节课运用了什么教学模式，就意味着接受了某种教学思想或某种教学理论。由于不同的教学模式或侧重于知识的传授，或强调人际合作，或注重创造力和潜能的开发，或着眼于学生自主建构能力的培养等，就产生了不同的教学形式结构和程序。所以，说明使用某种教学模式的合理性是说课和评课的重要方面。

各种教学模式都具备独特的基本逻辑和程序，当教师使用了某种教学的逻辑和程序，就意味着实践着某一教学理论，是有意识的行为。然而,实践中又加入了教师对课程的独到理解和创造性的教学思路,并采用独特的教学策略以及教学结构的安排:或符合教学内容之间的联系和体现循序渐进性;或符合学生兴趣特点或激发学生想象力;或注重控制教学的节奏,做到有张有弛;等等,使教学过程体现出教师的教学个性与风格。那么在说课和评课时,要说明在教学过程设计上的想法。

(三)教学策略与教学方法

优秀的美术课堂教学不能仅仅使学生学会画一幅画或某种美术技法,而是要以学生发展为本,让学生学得更愉快、更有效,这就需要教师运用一定的策略,即必要的教学思路、谋略或智慧,它将指导着一节课具体使用的教学方法与手段。

教学有着客观的规律,而具体的教学方法却是多种多样和灵活机动的。一节美术课中教学方法的选择和运用,不仅能显示教师的基本教学素质、教学水平,还能显示出教师的教学观念、教学理论和教学科研的含量,以及教师对这一课的精心设计、巧妙安排和大胆实践等策略。所以在说课和评课时,说明主要的教学方法及其背后的策略是必不可少的。

(四)学生特点与学习方法

传统教学多以学生掌握了多少知识、技能来评价教学效果,教师的主要任务是"授之以鱼",所以,教师主要研究"教法"。但是新课程强调以学生为主体、"让学生学会学习",强调"授之以渔",教师应更多关心如何使学生积极、主动而有兴趣地学习。说课时要说明创设了什么情境,提供了多少让学生参与的机会,如何促进学生的积极思维、用自己的智慧解决问题,如何指导学生掌握自主、合作和探究的学习方法,如何促进学生情感态度与价值观发展。然而,学生是有差异的,不同年级的学生,不同班级的学生都需要不同的学习方法,所以,需要教师根据具体情境灵活地指导学生学习。这是说课与评课的重要内容之一。

三、说课的要求

说课是教师对自己教学的认识和思考的表达。一个教师对自己的教学越清楚,他的说课就会越明白。教师在说课中应努力做到以下几点:一是教学观念正确,能体现以学生发展为本的教育思想和新课改精神;二是说课思路清晰,力争所讲内容从心里自然流出;三是语言表达准确生动,富有感染力,体现扎实的教学基本功;四是举止得体,神态自然,给人亲切感;五是能运用现代多媒体手段,突出形象化,强调艺术化,增强实效性。总之,要产生"抛砖引玉"的效果,以优美的语言、生动的内容、创新的思路吸引听者。

也许说课不是教学的基本组成部分,却是检验教学和提高教学的一个重要手段。教师可以在说课中反思和审视自己的教学,不断地吸取经验和教训,不断地提高教学水平和教学能力。

四、评课的方法

(一)一堂好课的基本要素

对一堂课好坏的评价会因为教育观念的不同而差异鲜明,但课堂教学总有一些共同的要求是一致的。一般来说,一堂好课应达到如下基本要求:(1)内容丰富;(2)概念明确;(3)重点突出;(4)脉络清楚;(5)语言生动;(6)多媒体屏幕显示和板书得当;(7)学时准确。这几条标准应该说具有代表性。从传统的角度来看,这些要求既全面又到位。然而,如果从现代课程改革的角度审视,它缺少了现代教学的一些重要因素,其弱点在于:一是忽略了对教学的主体——学生的关注;二是忽略了课堂教学的生成性和发展性。一堂好课应该具备以下一些基本要素,确立以下一些评价原则:

1. 一堂好课的基本要素

①课程的策划与设计要有创意；
②先进教育理念要渗透课程；
③知识技能的重点和要点明确；
④操作与活动要符合体验的目标；
⑤教师要有推动课堂教学生成的能力。

2. 一堂好课的评价原则

①好课必须能激起学生的兴趣；
②好课必须要有好的设计；
③好课必须适应每一个学生；
④好课应该成为"家常课"；
⑤好课应该是一种智慧生成课。

(二)听课听什么

听课是评课不可缺少的过程，是为获得评课信息而采取的观察行为。因此，听课的水平决定着评课的水平。听课听什么？看课看什么？是我们要研究的重点。这里提出"三听""四看""一关注"的观点。

1. 三听

一听——听教师向学生发出的信息：信息是否符合内容要求？信息是否围绕课程目标？信息是否具有吸引力？信息是否准确到位？采用什么形式、方法或手段发出信息？发出信息的效果如何？

二听——听师生交流的信息：提问的问题是否具有讨论性？回答的问题是否具有创造性？面对"答非所问"的困境如何继续深化互动与交流？

三听——听学生发出的信息：听学生的同声与乐声，听学生的呼声与杂声,从这些反馈信息中获取对课堂教学效果的判断。

2. 四看

一看——看教师的教态是否真切。传统教学强调教师的"教态端正",似乎教态严肃为端正。其实,这里面缺少了最核心的理解——真切。真切意味着情真和实在,意味着与学生的沟通与亲近,意味着情感的交流。教师的眼神里应当包含信任、鼓励、赞扬,同时包含宽容、和蔼与友谊。

二看——看教师的行动是否变化。传统教学中,教师的位置是固定的,学生的位置也是固定的,总是改变不了教师高高在上主宰学生的中心地位。因此,我们要看教师这个点的运动规律,其轨迹是否在学生中运行以及运行的次数与接近学生的效果。

三看——看师生的互动是否多向。课堂上互动的形式很多,有提问回答,有讨论交流,有相互的配合等。互动是教学过程中相互促进、相互影响的一种和谐的师生关系,它有效地解决了教师教和学生学这一对矛盾。在师生多向互动中,首先,要看教师引发诱导、激励催化的能力;其次,要看学生的理解、感悟和引申迁移的效果;最后,看师生相辅相成、互助互补的配合。

四看——看学生的情绪是否主动。一堂好课有多种因素,但最关键的是学生学习的积极性、主动性激发出来没有。主动是指学生具有积极的学习精神和自觉的学习态度,在教学过程中表现为学生能积极发言、讨论或争论。一堂好课能让学生动脑、动眼、动口、动手,调动所有学生处于积极主动、生动活泼的学习状态之中。

3. 一关注

关注课堂教学中智慧生成的过程与效果。真正的好课不是"演"出来的,而是在教学互动中生成出来的。这种"生成"并非是教案里的事先设计,而是师生在面对无准备、突如其来的冲突中所呈现的闪光性智慧。这种突然涌现出的智慧恰到好处地解决了突如其来的问题,而解决的思维又是开放的、发展的、运动的,因而会带来一连串互动智慧效应。上课上到如此境界,可谓一堂好课。然而,这种"生成效应"并非每节课都有,也并非想要就有。它的出现,与教师的敏捷反应和知识修养是分不开的。因此,听课时要看:第一,教师能否抓住课堂上突然出现的问题,这是评价教师能否生成课堂的第一个层面;第二,教师能否善于激起波澜,不断引发涌现问题的机会,并游刃有余地进行处理。这是评价教师能否生成课堂的第二个层面,也是最高教学境界之要求。

(三)评课评什么与怎样评

评课是对教师上的课进行分析评论,是检查其教学质量、总结其教学经验的一种教学研究方式。评课一般邀请专家来点评,大多是凭他们的个人感觉发表评课意见,有的以赞赏为主,有的以批评为主,无规定范本和统一尺度。因此,评课结果往往带有个人主观色彩。那么,如何从经验评课转变到科学评课?评课究竟有什么要求和规范呢?这是值得研究的问题。

1. 评课评什么

(1)评课堂教学设计

一堂好课必然有好的设计。这是教学成功的重要前提。设计包括以下几个环节:

第一,目标设计。课堂教学目标的设计一般有这样几方面:感受与体验、活动与操作、欣赏与评价、作业要求。但每堂课不是面面俱到,可以有所侧重或选择,不宜设计得太大,要切实能够做到。不同类型的课程应该有不同目标的设计。美术学科的教学目标设计不仅仅是学科要求,还要注意学科教学目标后面的素质教育的目标。

第二,导入设计。美术课要上得生动活泼,就应该有丰富多彩的导入方式。导入的设计要有创造性、趣味性和启发性。其创造性表现在所设计的活动要耳目一新;趣味性表现在所设计的活动具有极大的吸引力;启发性表现在所设计的活动具有内联性、迁移性,即能与教学内容有机地联系和发散,确实成为教学内容的导入口。

第三,互动设计。美术课堂上的师生互动应当是教学过程中最重要的设计之一。因为没有互动,美术课堂就没有生命力。互动设计包含提问的互动、讲课的互动、练习的互动等。

第四,指导设计。这个环节是学生作业操作过程中的教师指导。美术课的教学当然离不开教师的指导,这种指导常常是个别的、手把手的。教师要注意把握好点和面、普遍和重点的关系。

第五,评价设计。评价是现代课堂教学不可忽视的重要环节之一。评价得好,可以使美术教学事半功倍。评价设计一方面包含教学过程中的评价,如提问中的赞许、交流中的肯定,对思维活跃学生的鼓励与表扬;另一方面包含教学结果的评价,如作业效果很好、合作得很好、学习态度很好等。

(2)评教学目标的落实

教学目标是一堂课的方向,落实起来不是某一个方面,而是诸多方面。因此,要从诸多方面去把握目标的落实,如感受和体验方面是否到位,活动和操作方面是否有效,评价的效果是否达到,作业要求能否体现出不同的层面等。

(3)评知识技能的训练

评课中很重要一个方面,就是看教师所传授的知识技能落实得如何。这里首先要突破的是,教师不是死板地灌输知识,机械地训练技能,而是在有趣味的情境中让学生快乐地学习知识和技能;其次要突破的是,难点不是共性的难点,而是学生个性化的难点。一些难点对有些学生并非难点,而对另外一些学生却为难点。这里要体现"面向全体学生"的理念。

(4)评现代技术的应用

现代教育传媒技术的发展已引起教育的深刻革命,使许多过去难以解决的资料信息问题、时间空间问题变为现实,使一向呆板、枯燥的教学现状走向了高效、快速的轨道,从而大大地提高了教学质量和效率。然而,对现代教育技术的选择和运用必须适度,要恰到好处,绝不能为用而用,做表面文章。有些评课的标准以"是否使用多媒体"来衡量,而没有对"所使用媒体是否恰当"作出评判。当用则用,要用得恰当,用得有效,才能真正发挥现代技术的价值。

(5)评课堂教学的实施

课前教学的设计和教案的准备只是一种预测,在面对真实的课堂与学生时肯定会发生误差的。课堂上如何实施教学计划,如何应对难以预料的变化,是对教师教学水平的检验。不同素质的教师面对随机出现的情境时,会表现出不同的状态:有的采取回避式;有的采取压制式;有的发现不了变化的情境,一味地背教案;有的却能洞察异情,并"化险为夷"或"借题发挥",使课堂变得生机盎然。

2. 评课记什么,怎么记

听课的记录是评课时的依据或第一手资料,但每个人记录的形式和内容有不少差异,有的记录上课的过程,有的记录出现的问题,似乎很难全面地将课堂的情况用文字记录下来。这里,我们提供一些方法以供参考。

(1)定性评价的观察记录法

定性评价是依据评课人对课堂的观察、分析和判断做出的评价结论。这是凭借评课人的水平、对教学的理解,以及独特的视角或观点得出的结论。而定性评价的优点在于:第一,能整体把握对课堂的真实感受;第二,能体现评课人对课堂现象的理解、思考和深层次分析;第三,能灵活地抓住个别有价值的细节;第四,能简便、自由地记录;第五,能主动地、有导向地引领课堂教学的方向。所以,定性评价既接近课堂现场,又贴近上课教师,是一种互动性、生成性评价。它看似主观、个性,却是客观的。

然而,定性评价由于依赖于个人的直觉和个性化的思考,其局限性也是不容忽视的:其一,凭主观经验判断,缺乏严谨的设计和检测;其二,缺乏评价的规范性,导致定性处于比较模糊的状态;其三,主观性和个别性导致评价的随意性,缺乏严密的操作系统;其四,由于评价者个人水平差异,对同一问题会产生不同的结论。尽管如此,定性评价的优点还是明显的,目前大多仍采用这种评价形式。

具体说来,定性评价的观察记录法有以下三种:

①描述记录法

描述记录主要依靠文字和个性化的速记符号。它既可以按照课堂发展顺序记录,也可对片段或语言对话记录;既可以描述班级师生的状态,也可以记录自己的感受和思考以及发现的问题。为了记录方便快捷,一般可采用左栏预先写好想记录的某些方面,右栏相对应地记录打动你的优点或不足。

②列表记录法

要想全面完整地观察课堂,并详细地记录教学过程,可采用列表的方式记录。这是一种比较简洁方便的记录方法。它既可以体现描述的优点,也可体现总体印象的量化等级。所记录的内容分两类:一是要有总的印象和档次;二是"要点记录",主要记录过程中体现本项目的优点(闪光点)或不足之处。这种形式适合教学检查和评比。

③现代技术记录法

这种记录法包括照相、录音、录像等现代多媒体技术。它可以对一堂完整的课进行全息录像,然后再进行分析;也可以对某一个片段录像或录音,进行分析。

(2)定量评价的细节观察记录法

定量评价大多采用事先设计的结构化的方式,记录课堂所观察到的信息。它可以对完整的一堂课实施全息记录,也可以对具体的提问次数、语言互动时间和人数、学生投入的状态等实施局部或片段的信息记录。

定量评价与定性评价相比,前者的难点在于如何将表格内容设计得合理、科学。只有前期工作做得细致,其评价才能做到更精确。尽管它能客观地反映课堂教学过程中的事实,但并非绝对精确,仍不可避免地存在各种误差。具体地说,第一,记录信息的表格本身设计缺乏科学性和逻辑性;第二,评价人判断有误,或忽视情境的影响;第三,评价人会介入自己的观点和情感;第四,对快速的活动不能及时地跟踪。

具体地说,定量评价的细节观察记录法有以下几种:

①图示记录法

这是一种比较直观和形象化的记录形式。它运用位置图示直接呈现多种信息。这种记录法一般要在听课前对教室里的课桌空间位置画一张平面图,该图要显示讲台的位置、多媒体的位置、预备的板面位置、全班学生的座位(有的是分组)、学生活动的空间位置等。这一张图至少有三种功能:第一,可作为教师提问记录的次数,每一个小方形视为一个课桌或一个学生,提问后在相对应的小方形中作出标记;第二,可记录每一个学生的表现,如回答问题优秀、思维活跃、随便说话、打闹等表现的次数,这需要采用各种不同的标记;第三,可作为教师巡视路线的记录。在这个图示中,由于是按照每一个学生记录的,其发言的次数、违犯的次数等都可以作为定量评价的依据。

②语言互动评量表(表6-5)

表6-5 语言互动评量表

说话人	说话内容	说话时间	人数	效果
教师	讲授			
	提问			
	表扬或鼓励			
	指导或指令(提出作业要求)			
	批评或组织课堂			
	接受学生的主张或意见			
学生	主动说话			
	被动说话(回答问题)			
	沉默或混乱			

③提问互动评量表(表6-6)

表6-6　提问互动评量表

问题序号	问题简记	回答顺利	回答不顺利	教师有互动	教师无互动
1					
2					
3					
4					
5					
6					
7					
8					
9					
10					
总计					

说明：记录时在相应栏中可打√。

④学生学习投入状态评量表(表6-7)

表6-7　学生学习投入状态评量表

扫视	投入		非投入			人数及百分比				
	人数	%	闲聊	瞌睡	小动作	侵扰别人	闲荡	打闹	其他	%
1分钟内										
2分钟内										
3分钟内										
4分钟内										
5分钟内										
10分钟内										
15分钟内										

续表

扫视	投入		非投入			人数及百分比				
	人数	%	闲聊	瞌睡	小动作	侵扰别人	闲荡	打闹	其他	%
20分钟内										
25分钟内										
30分钟内										
总计人数										
平均数%										

五、说课与评课要注意的问题

（一）避免说教学

说课时，要避免对一节课具体教学过程的描述，即"我是怎样上这节课的"，而应该致力于说明"我为什么要这样上课"，即说出"其所以然"。

（二）避免面面俱到

说课和评课的内容一般包括前述四个方面，但实际操作时，未必面面俱到，应当抓住教学中最重要、最有特点、最具新意的东西来讲，突出重点。

（三）尊重教师的自我评价

评课时最好先让执教教师说课、自我评价，有利于其他教师理解他的教学思路，也有助于他认识到自身优缺点，从而得到理解和沟通。在此理解的前提下，再让其他教师开展互评和讨论，就会更有针对性，有助于教师的改进和提高。

(四)言简意赅

说课与评课的时间都不宜太长。说课一般控制在 10～20 分钟；而评课时也要避免泛泛而谈，应当直截了当、言简意赅，每位教师的发言时间控制在 2～5 分钟，能让更多的教师从不同角度发言评价。

授课实践(2015 年)

第六章　中小学美术教育的课程评价

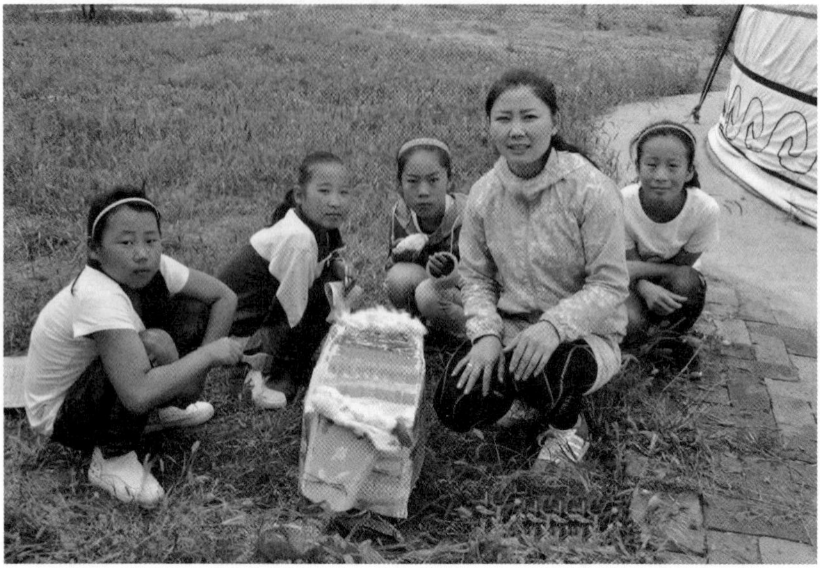

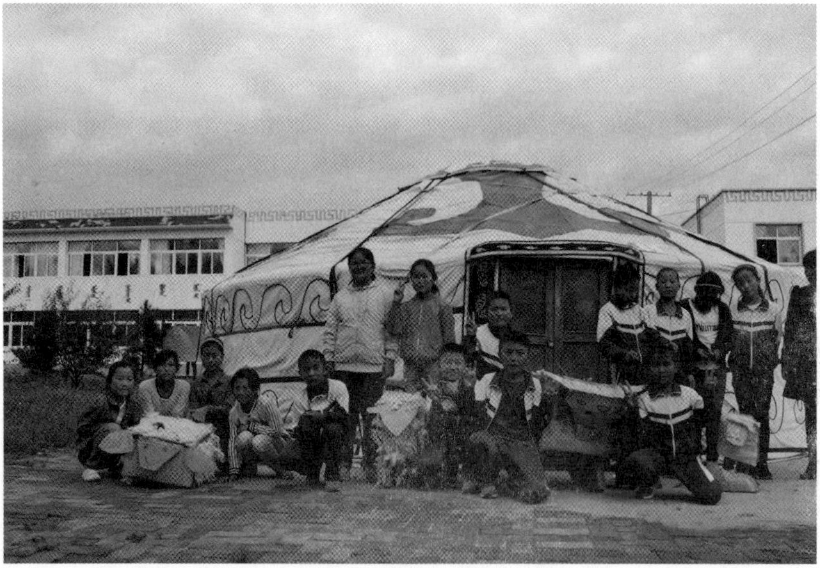

第六章 中小学美术教育的课程评价

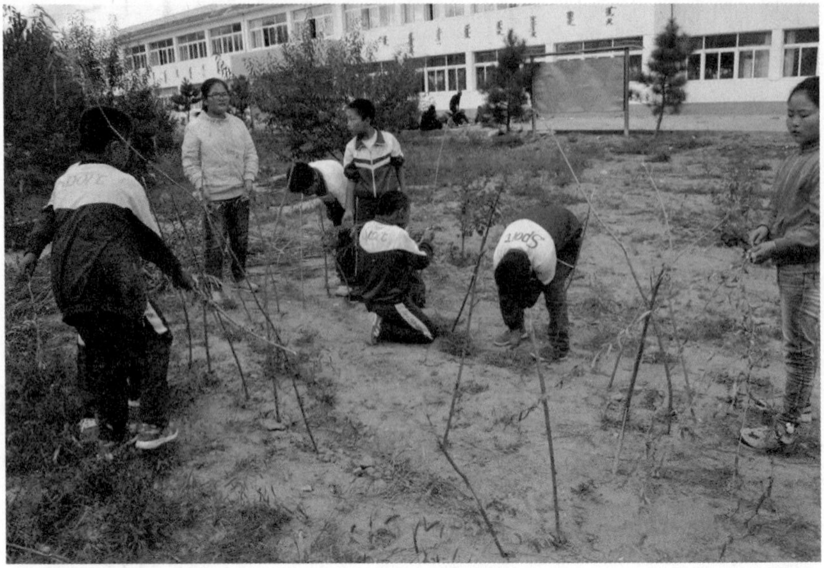

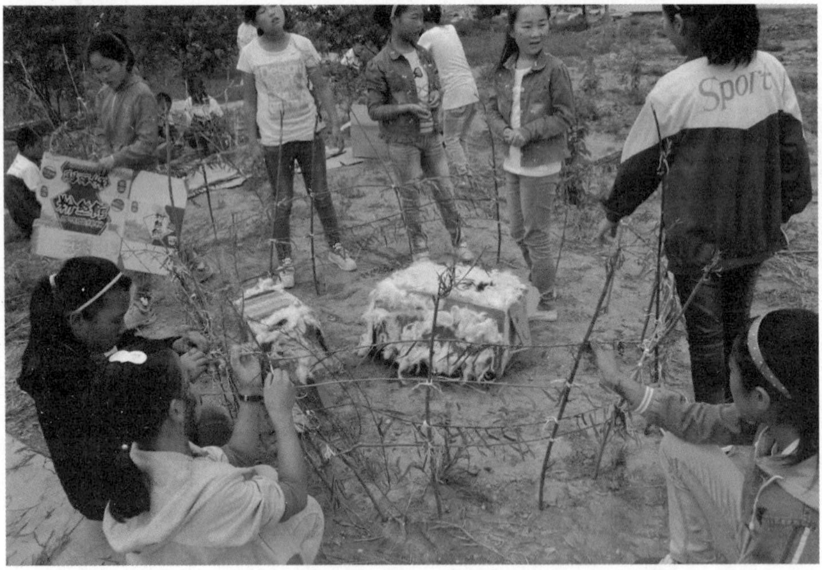
Sport

第六章　中小学美术教育的课程评价

参考文献

[1]尹少淳.中小学美术教学论[M].长沙:湖南美术出版社,2012.

[2]王大根.中小学美术教学论[M].南京:南京师范大学出版社,2013.

[3]李力加.唤起直觉经验的美术学习:小学美术课堂教学研究[M].济南:山东美术出版社,2013.

[4]尹少淳.小学美术教学策略[M].北京:北京师范大学出版社,2010.

[5]钟启旸.体验式课程的教学知识[M].重庆:重庆大学出版社,2012.

[6]任磊.美术课程与教学论[M].北京:北京理工大学出版社,2019.

[7]易晓明.美育与艺术教育研究新趋势[M].上海:上海教育出版社,2019.

[8]蒋丽.美术理论与教育融合发展研究[M].北京:北京工业大学出版社,2018.

[9]陈红,高英,牛保.美术理论与艺术设计[M].长春:吉林美术出版社,2018.

[10]谷涛.现象学美术教育学原理[M].重庆:西南师范大学出版社,2018.

[11]郑勤砚,尹少淳.中国美术教育史略[M].重庆:西南师范大学出版社,2018.

[12]杨银巧,姜芬芬.美术教育理论及其教学方法研究[M].长春:吉林人民出版社,2020.

[13]刘南.美国美术教育[M].长沙:湖南美术出版社,2019.

[14]周春花.美术教育的文化转向[M].重庆:西南师范大学出版社,2017.

[15]张倩,张春新.创新视野下高校美术教育的探索[M].西安:西北工业大学出版社,2019.

[16]杜俊平.现代美术教学研究[M].成都:电子科技大学出版社,2017.

[17]李杰.小学美术教学反思[M].成都:电子科技大学出版社,2016.

[18]车朝晖.在实践中找到美术教学的方法[M].北京:北京教育出版社,2019.

[19]王锐,依晓雷.美术教学理论与方法[M].哈尔滨:哈尔滨地图出版社,2006.

[20]孔新苗.美术鉴赏与批评[M].杭州:浙江人民美术出版社,2012.

[21]易建芳.美术鉴赏与批评[M].长沙:湖南美术出版社,2010.

[22]陈瑞雪.美术教育课程与教学方法探究[M].北京:研究出版社,2019.

[23]覃铃兰.基于学生知觉经验唤起的小学美术作品欣赏的有效教学探析[J].大众文艺,2017(12):246.

[24]舒长翼.基于中小学美术教学论对新课改理念的分析[J].赤子(下旬),2016(05):150.

[25]夏早.对当代中小学美术教学的一点思考[J].美与时代(下),2015(04):128-129.

[26]苏德禄.关于开发民间美术资源应用于中小学美术教学的研究[J].中国民族博览,2020(08):31-32.

[27]李德军.民间美术资源进课堂的困境与对策探讨——以民间美术资源走进桂东南中小学为例[J].美术教育研究,2019(01):142-143.

[28]陈敏.中小学美术课程中民间美术资源的应用——闽东柘荣剪纸教学探讨[J].教育教学论坛,2017(16):271-272.

[29]王小凤.浅谈小学美术教学中如何培养学生的审美能力[J].考试周刊,2020(89):153-154.

[30]乌日汗.文化视角下的美术教学实践——评《美术教育的文化转向》[J].中国教育学刊,2019(10):144.

[31]陈松洁.试论中华传统文化艺术在美术专业课程教学中的价值体现[J].美术文献,2020(02):87-88.

[32]杜爽,郭雅真.美术教育的视觉文化转向[J].美与时代(中),2018(10):75-77.

[33]钱初熹.视觉文化的转型与学校美术教育的发展[J].美育学刊,2014,5(03):1-8.

[34]马芬.浅谈把剪纸艺术引进中学美术教学的重要性[J].美术教育研究,2015(08):121.

[35]黄宏武."新三课":中小学美术教学改革的新形式[J].课程·教材·教法,2020,40(04):126-130.